Kulinarische Köstlichkeiten aus Frankreich

Marianne Kaltenbach

Kulinarische Köstlichkeiten aus Frankreich

Mit 63 Rezepten,
exklusiv fotografiert
für dieses Buch
von
Hans Joachim Döbbelin

SIGLOCH
EDITION

INHALT

Küche, Land und Leute

Savoir-vivre oder die Liebe zum guten Essen   7

Links und rechts der Straße in den Süden   12

Ein Fest für die Sinne   16

Quer durchs Land bis zum Atlantik   24

Schätze aus dem Wasser und aus der Erde   28

Der Garten Frankreichs   34

Die Wohltat des Meeres   38

Sahne, Cidre und mehr   42

Die geheimen Genüsse des Nordens   46

Quetschen, Quiche und Champagner   48

Die Hauptstadt kulinarisch   54

Das Mekka der Schlemmer   58

Rezepte

Vorspeisen, Suppen und Beilagen   64

Eier- und Käsegerichte   92

Fisch, Schal- und Krustentiere   108

Fleisch und Geflügel   130

Gebäck, Kuchen und Desserts   170

Die Rezepte nach Regionen   186

Die Rezepte alphabetisch   188

Bildquellen, Impressum   190

*Gut essen ist selbstver-
ständlicher Bestandteil des
französischen Alltags. Man
legt größten Wert auf
Frische und Qualität der
Zutaten und verwendet
viel Sorgfalt auf die Zubereitung – in den Küchen
der Spitzenrestaurants
ebenso wie für die Mahl-
zeiten in der Familie.*

*Zur Abbildung auf Seite 2:
Croissants, Brioches,
Eclairs und natürlich die
Baguettes, die mehrmals
am Tag frisch gebacken
werden, erfüllen die
Bäckereien mit einem
unwiderstehlichen Duft.*

Liebe Leserinnen, liebe Leser,
dieses Buch zu schreiben hat mir
besonders Spaß gemacht, denn
Frankreich hat meine eigentliche
kulinarische Laufbahn am stärk-
sten geprägt. Es ist nun etwas
schwierig, die Küchen eines so
vielfältigen Landes auf ein paar
Buchseiten zu beschreiben. Fast
jede Provinz Frankreichs hat ihre
Besonderheiten. Das gilt sowohl
für die Topographie und die Menschen wie auch für die Produkte
und das, was daraus gekocht
wird. Ich kann, wie der Titel des
Buches schon sagt, nur Streifzüge
durch dieses große kulinarische

Land schildern und nur das Aller-
wichtigste und Interessanteste
erwähnen. Allein ein Verzeichnis
der Weine und Käse ergäbe ein
kleines Lexikon. Glücklicherweise
konnte ich bei den Rezepten
noch auf vieles eingehen.
Ich hoffe, daß Sie durch die konzentrierte Kost dieses Buches die
kulinarische Vielfalt Frankreichs
etwas besser kennenlernen und
wünsche Ihnen viel Spaß, wenn
Sie es, was ich hoffe, in Ihrer
Küche in die Praxis umsetzen.

Marianne Kaltenbach

Savoir-vivre oder die Liebe zum guten Essen

Ich bin auf der Schweizer Seite des „Lac Léman" aufgewachsen, den man im Deutschen etwas prosaisch Genfer See nennt. Frankreich sah ich von meinem Fenster aus, und ich war jedesmal überglücklich, wenn mich meine Großeltern auf eines der imposanten Dampfschiffe mitnahmen, um „drüben" in St. Gingolph, Evian oder Thonon kleine Weißfischchen zu essen. Sie wurden einfach in siedendes Öl getaucht und mit Kopf und Gräten gegessen. Sie waren so knusprig und fein, daß ich dafür die in Butter gebratenen Barschfilets links liegen ließ.

Als junges Mädchen durfte ich dann öfters meinen Patenonkel auf Geschäftsreisen nach Paris begleiten. Dort lernte ich beim Besuch der damals noch zahlreichen Bistros, daß eigentlich keine Pariser Küche existiert, sondern daß es einerseits regionale Spezialitäten aus den Provinzen der jeweiligen Besitzer gibt und dort, wo es vornehmer zuging, die klassische französische Küche zelebriert wurde. Ans Kochen dachte ich damals allerdings noch nicht. Dieser Wunsch kam erst, als ich zum ersten Mal in Südfrankreich war. Ganz begeistert war ich damals

in Menton vom Essen im Hotel. Nach einigen Tagen wagte ich mich in die Küche, um den Chefkoch zu sehen. Naiv fragte ich ihn, ob er nach einem besonderen Buch koche, weil alles so wunderbar schmeckte. Zuerst war er etwas beleidigt, wurde aber zusehens milder, als er mein Interesse wahrnahm. Er holte ein dickes, abgegriffenes Buch aus seinem Büro. Es war der „Pellaprat", ein Grundkochbuch der klassischen französischen Küche. Am selben Tag noch eilte ich in eine Buchhandlung, um es zu kaufen.

Dann kamen die Reisen durch Frankreich. Zuerst in die Provence, dann in alle Richtungen quer durch das Land. Damals gab es nicht überall Autobahnen. Man fuhr noch durch Dörfer und verpflegte sich mittags aus kleinen Lebensmittelgeschäften. Da gab es in den kleinsten Ortschaften wunderbaren Schinken, reifen Käse, Pasteten, frische Butter, Weine aus der Region – und vor der Türe – die schönsten Gemüse. Das alles war nicht für die Touristen so arrangiert, sondern das ganz normale Angebot für den Alltag im Dorf. Um die Mittagszeit sah man Kinder und Männer, die von der Arbeit

Immer wieder ein spannender Auftakt zu einem schönen Essen ist die Lektüre der Speisekarte und die Zusammenstellung des Menüs.

Nicht nur ein Fest fürs Auge, sondern auch eine Institution, die kein noch so großer Supermarkt jemals ernsthaft bedrohen wird, sind die allenthalben stattfindenden Märkte.

Eine Stunde oder auch etwas länger kann sie schon dauern, die Unterredung mit den Freunden und Bekannten am Sonntagvormittag. Und wenn der Vater mit dem Brot nach Hause kommt, ist dann auch gerade Essenszeit.

kamen, die brav die langen „baguettes" vom Bäcker unter dem Arm nach Hause trugen. Die Franzosen haben ein angeborenes Gefühl fürs gute Produkt, auch wenn heute die kleinen Geschäfte etwas rarer werden und die Einkaufszentren überall aus dem Boden schießen. Aber auch dort sind die Lebensmittelabteilungen sehenswert. Da gibt es zum Beispiel nicht nur eine Sorte Geflügel, sondern alles, von der winzigen Wachtel über das Küken bis zur Ente und Gans – mit den entsprechenden Herkunftsbezeichnungen. Dasselbe gilt für Würste, Käse und andere Produkte, deren Herkunft garantiert wird, und die zu einem Begriff für Qualität geworden ist. Unterwegs aßen wir oft auch in den „routiers". Früher erlebte man in diesen vor allem von Lastwagenfahrern besuchten Gaststätten praktisch nie Enttäuschungen. Da gab es neben dem unausweichlichen „steak-frites" auch kräftige Eintöpfe oder ein frisch zubereitetes Menü mit regionalen Gerichten, und es war immer eine Freude zu sehen, mit welchem Genuß da gegessen und getrunken wurde.

Später, als mein Interesse am guten Essen immer größer wurde, besuchte ich bewußt die vom Guide Michelin empfohlenen Gourmettempel, und ich hatte das Glück, noch die Koryphäen der Zeit vor der sogenannten Nouvelle Cuisine kennenzulernen. Ich sah, mit welchem Können und Aufwand da gekocht wurde, und wie die einheimischen Produkte entsprechend der Saison auf den Tisch kamen. Kochkurse bei diesen Altmeistern, unter anderem bei André Guillot, genannt „le roi du feuilleté", dessen Blätterteig im Ofen fast so hoch aufging wie seine Kochmütze, zeigten mir, wie man beispielsweise eine Ente oder ein Reh bis zum letzten Knöchelchen verwertet. Zuerst gab es die edlen Teile, aus dem Rest wurden Ragouts, Suppen oder Fonds.

Dann wurde ich erst recht neugierig und ging auf alle Märkte, die ich ausfindig machen konnte. Und noch heute ist in Frankreich das Flanieren inmitten von Gemüse, Obst, Fleisch und Käse für mich etwas vom Schönsten. Die Marktfrauen beschränken sich nicht auf das Verkaufen, wenn sie Interesse spüren. Sie sind gesprächig und man kann vieles lernen aus den Tips oder Rezepten, die sie einem mit auf den Weg geben.

365 Käsesorten soll es in Frankreich geben, für jeden Tag eine, so sagt man. In Wirklichkeit sind es natürlich weitaus mehr. Die folgende Doppelseite zeigt einen kleinen Überblick über die große Vielfalt:
1 Banon, 2 Baratte, 3 Beaufort, 4 Boursault, 5 Brébis des Pyrénées, 6 Brie de Meaux, 7 Brin d'amour, 8 Camembert, 9 Cantal, 10 Chabi, 11 Chaource, 12 Chevrotin, 13 Comté, 14 Coulommiers, 15 Epoisses, 16 Explorateur, 17 Fourme d'Ambert, 18 Gaperon, 19 Langres, 20 Livarot, 21 Maroilles, 22 Mimolette, 23 Münster, 24 Neufchâtel, 25 Picodon, 26 Pont-l'Evêque, 27 Reblochon, 28 Rocamadour, 29 Roquefort, 30 Saint-Marcellin, 31 Saint-Nectaire, 32 Tomme de Savoie, 33 Trappiste de Laval

LINKS UND RECHTS DER STRASSE IN DEN SÜDEN

Kein alltägliches Bild ist diese Savoyardin in der traditionellen Tracht. Auch in den französischen Alpen werden die wertvollen Kleidungsstücke nur noch zu besonderen Anlässen getragen.

Savoyen, Dauphiné und Rhônetal

Viele Jahre fuhren wir von der Schweiz durchs Rhônetal nach Spanien. Zuerst mußten wir uns aber über die Route einig werden. Sollten wir nun von Genf aus Richtung Lyon den Weg nach Valence nehmen oder über Annecy oder Grenoble in den Süden fahren? Sollte man bereits in Savoyen übernachten oder gar die Route Napoléon wählen? Alles war verlockend. Unbedingt wollte ich in den ersten Jahren jeweils bei Spitzenköchen, die bereits in die Küchengeschichte eingegangen waren, vorbeischauen. So in Vienne bei Fernand Point, der schlechte Laune hatte, als wir kamen. Er beförderte gerade einen Gast an die Luft, der es gewagt hatte, zwischen den Gängen zu rauchen. Aber das Essen bei ihm war wirklich hervorragend, wenn auch für heutige Begriffe sehr üppig. Bei ihm trank ich zum ersten Mal einen Côte-Rôtie, den köstlichen Wein aus Syrahtrauben, der etwas weiter unten auf der anderen Seite der Rhône gedeiht. Er gehört heute noch zu meinen Lieblingsweinen wie auch die Weine aus der Viognierrebe, die wir in der Nähe von Vienne, in Condrieu, kennen-

lernten. Dort empfing uns Madame Castaing in ihrem Kochtenü, geleitete uns in einen kleinen Salon zum Apéritif und drückte uns die Speisekarte in die Hand. Dann hieß es warten, bis man zu Tische gehen durfte. Sie war der erste weibliche Küchenchef, dem ich begegnete, und sie beeindruckte mich jedesmal aufs neue. Sie führte ein strenges Regiment auch mit ihren Gästen und trotzdem fühlte man sich in ihrem hübschen Hotel am Rhôneufer sehr wohl.

Was mir später viel mehr Spaß machte, war das Entdecken der regionalen Spezialitäten. Dazu bot der Weg über Annecy mehr Gelegenheiten. Kaum in Frankreich angekommen, kehrten wir jeweils in eines der schönen, solide gebauten Gasthäuser ein, um etwas Wurst, Schinken oder Käse mit knusprigem Brot, gekrönt von einem Glas Savoyer Wein zu genießen. Besonders gut schmeckte uns der Tomme aus Kuhmilch, der in kleinen Käsereien in Marc gereift wird, und natürlich der bekannte Reblochon. In den bergigen Gegenden Savoyens geht es dann ziemlich rustikal zu. Da spürt man die Einflüsse des benachbarten Piemont, denn Savoyen gehört erst seit 1860 zu

Frankreich. So findet man ab und zu noch Polenta sowie verschiedene „civets" wie Gems- oder Murmeltierpfeffer, deren Saucen mit Blut abgebunden werden. Die Schweine wachsen meistens noch im Freien auf, und daraus werden dann ausgezeichnete geräucherte Schinken und deftige Eintöpfe.

Auch dürfen, wie überall in Frankreich, die Käse vor dem Dessert nicht fehlen. Außer dem Tomme und dem Reblochon gibt es den Beaufort, den interessanten Trappiste de Tamié, kleine Ziegenkäse und einen feinen, aromatischen Vacherin. Dazu passen

die Weißweine von Seyssel und Crépy, die verschiedenen Roussettes sowie andere Vins du Bugey und der prickelnde „mousseux". Beliebte Spirituosen sind der Marc, der Génépi, ein Kräuterbitter, und natürlich der Chartreuse, der Likör aus dem bekannten Kloster.

In der Dauphiné bemerkt man immer wieder Einflüsse der Lyoner und Savoyer Küchen, dann weiter südlich bereits die der Provence. So wird im Norden mit viel Butter und Sahne gekocht, ab Valence oft schon mit Olivenöl. Man staunt auch immer wieder über die vielen Gratin-

Die Region zwischen Genfer See, mittlerem Rhônetal und dem italienischen Piemont hat besonders bei Bergsteigern und Wintersportlern einen guten Namen. Der Blick in dieses Geschäft zeigt aber, daß man auch kulinarisch einiges zu bieten hat.

Obst und Wein, die im gesamten Rhônetal in Hülle und Fülle gedeihen, bilden in dieser Frühlingsimpression einen zauberhaften Zweiklang.

varianten aus verschiedenen Gemüsen, Pilzen und Früchten. In der Umgebung von Grenoble lernte ich bei Michel Rostang, wie man das echte „gratin dauphinois" zubereitet. Die Gegend ist auch bekannt für ihre Walnüsse und das daraus gepreßte Öl, von dem man sich unbedingt eine Flasche aus der frischen Ernte mitnehmen sollte. Man ißt dort gerne den Käse aus Saint-Marcellin, der leider nicht mehr nur aus Ziegen-, sondern auch aus Kuhmilch hergestellt wird.

Weiter unten, zwischen Valence und Montélimar, wähnt man sich bereits im Süden. Besonders wenn man im Februar oder März dort unterwegs ist. Da blühen schon Mandelbäume, die sich wie Spitzendecken über die Landschaft ausbreiten. Es ist auch die Gegend, wo wir den vielen Honigsorten nicht widerstehen konnten. Da gibt es vom Lavendel- oder dem Rosmarinhonig alle Varianten bis zum Kastanienhonig, den ich besonders gut finde. Aus diesem Honig und den Mandeln des Rhônetals entsteht in Montélimar der berühmte Nougat. Früher verbrachten wir die Nacht ab und zu in einem einfachen Hotel, um Perlhühner zu essen. Dazu empfiehlt man bereits Weine aus dem

südlichen Rhônetal, etwa einen Châteauneuf-du-Pape. Übrigens sollte man nicht vergessen, daß die besten Oliven aus Nyons kommen. Deshalb befindet sich für mich die kulinarische Grenze zwischen Nordwesten und Süden bereits da und nicht erst bei Orange oder Avignon.

Die wichtigen Weine des oberen Rhônetals sind der Condrieu, der Château-Grillet, der Clairette de Die sowie der Saint-Joseph, der Saint-Peray und der Cornas.

Man sollte nicht immer schnurstracks in den Süden flitzen, sondern einmal auf die andere Rhôneseite fahren, um zum Beispiel einen Ausflug zu den Gorges de l'Ardèche zu unternehmen, wo Wagemutige in gemieteten Kanus durch die engen Schluchten paddeln. Im „Land der tausend Bäche", wie die Ardèche auch genannt wird, gibt es Flußfische, Wildschweine, Hasen, Schweine, Schafe, Kohl, Pilze, Eßkastanien und eine spezielle, äußerst delikate Kartoffelsorte, die kleinen, gekrümmten „rattes". Dazu kommen noch Kirschen, Pfirsiche und Erdbeeren. Dann gibt es dort auch den Pélardon, einen aromatischen Ziegenkäse, von dem es heißt, er könne, zusammen mit einem Kräutertee aus der Gegend,

die Gelbsucht heilen. Den Picodon, ein kleiner Ziegenkäse, wickelte man früher, sobald er trocken war, in ein Eichenblatt, legte ihn in einen Steinguttopf, bis er nach einigen Wochen mit Maden bedeckt war. Man schabte sie weg und konnte einen herrlichen, weichen und aromatischen Käse genießen. So einfach war das damals!

Kehrt man in die einfachen Gasthäuser ein, bekommt man Kohlsuppen, die wie anno dazumal mit Beifuß, Löwenzahn oder Brennesseln gewürzt sind, und die „caillettes", die einen Freund, der uns einmal begleitete, vermuten ließen, es handle sich um kleine Wachteln. Er staunte nicht schlecht, als ihm eine faustgroße, knusprig braune Kugel vorgesetzt wurde. Sie bestand aus gehacktem Spinat, Mangold, Schweinsleber und weiteren Innereien wie gehackte Lunge, Kutteln und Kalbskopf, grünem Speck, Zwiebeln und Kräutern sowie Knoblauch – alles in ein Schweinsnetz gepackt und im Ofen gebraten. In der Dauphiné werden die „caillettes" schlecht kopiert, wie eine alte Bauernfrau sagte. „Es gibt ein Sprichwort", fügte sie noch hinzu: „Gott schütze uns vor dem Hagel, dem Frost und vor den Leuten aus der Dauphiné."

Die Ardèche, ein Nebenfluß der Rhône, hat zwischen Vallon-Pont-d'Arc und Pont-St.-Esprit tiefe Schluchten in den Fels gegraben – ein beliebtes Ziel für Paddler und andere Abenteurer.

EIN FEST FÜR DIE SINNE

Sieht man im Süden manches auch ein wenig gelassener, beim Volkssport Boule, der hier Pétanque heißt und ganz selbstverständlich ins Straßenbild gehört, wird genau gemessen.

Provence, Côte d'Azur, Korsika und das südliche Languedoc
Beim Wort Provence denken wir an unbeschwerte Ferien in der Sonne und natürlich an duftende Kräuter, Olivenöl und Knoblauch. Lange beschäftigten mich auch die schwarzen Trüffeln des Tricastin. Für mich gab es seit jeher nur eine erstklassige Qualität, und zwar die aus dem Périgord. Inzwischen weiß ich, daß es Jahre gibt, in denen bis zu achtzig Prozent der Trüffeln Frankreichs aus dem Süden des Landes kommen. Und so läßt sich mancher südfranzösische Gourmet seine Trüffeln mit großem Aufwand aus Cahors oder Périgueux kommen und ahnt nicht, daß sie einige Tagen vorher ganz in seiner Nähe bei Aix-en-Provence oder im Rhônetal gefunden wurden. Eines der besten Trüffelgerichte ist für mich die „brouillade", eine Art Rührei, welches das herrliche Aroma dieser Pilze wunderbar aufnimmt. Dieses Gericht habe ich noch nie besser gegessen als in Lorgues bei Bruno, einem Märchenerzähler, Schriftsteller und Hobbykoch, der inzwischen mit seiner „table d'hôte" Karriere gemacht hat. Übrigens gibt es jetzt in der Provence eine ganze Anzahl von Bauern und Winzern, die abends Gäste bewirten. Die Frau kocht regionale Gerichte aus den Produkten des Hofes und der Mann kredenzt seine Weine dazu. Alles ist sehr einfach, aber reell und überaus preisgünstig, wobei die Kochkünste der Gastgeber natürlich sehr unterschiedlich sein können.

Was mich immer wieder fasziniert, sind die Märkte der Provence. Einer der größten ist in Saint-Tropez am Dienstag und Samstag. Da hat man wirklich einen grandiosen Überblick über die Gemüse, Früchte, Oliven, Gewürze und Käse der Saison und kann auch warmen Schinken, wunderbares Lamm oder Kaninchen kaufen. Anschließend trifft man sich, das heißt, man setzt sich nach dem Einkaufen vor das Café des Arts – um zu sehen und gesehen zu werden. Aber am liebsten kaufe ich in Sainte-Maxime ein. Auf dem Hauptplatz und in den engen Gäßchen stellen Traiteurs, Gemüsehändler und Bäcker ihr Angebot vor ihre Läden ins Freie und in der täglich geöffneten Markthalle, dem „marché couvert", findet man zudem eine reiche Auswahl des saisonalen Angebots. Dort bekomme ich gegen Vorbestellung auch den frischesten Wolfsbarsch

und die besten Meeresfrüchte.
Allerdings ist der Besuch dieses
Städtchens für mich sehr verfüh-
rerisch und so kaufe ich regel-
mäßig zu viel ein.
Wenn man im Restaurant „à la
provençale" essen will, darf man
dies nicht in touristischen Orten
tun. Vor Enttäuschung bewahrt ist
man meistens in unscheinbaren
Gasthäusern vor allem in der
Haute-Provence. Für ein feines
Essen fahre ich deshalb gerne
einige Kilometer wie kürzlich
nach la Môle, wo man allerdings
vorher und nachher eine Mahlzeit auslassen muß, weil alles so
reichlich ist. Denn dort gibt es
zuerst fünf verschiedene Terrinen
zur Auswahl, danach ein Fisch-
gericht, einen Hauptgang und

noch fünf Desserts „à discretion".
Einmal wurde ich am Karfreitag
von Freunden zu einem großen
„aïoli" auf dem Lande eingeladen.
Das war ein Ereignis. Die Besitzerin des rustikalen Restaurants
stand persönlich in der Küche
und präsentierte uns auf einer
riesigen Platte aus Kork die ganze
Pracht an Gemüsen wie Kartoffeln,
Karotten, Topinamburs, grüne
Bohnen, kleine weiße Rüben, rote
Bete, Blumenkohl, außerdem
kleine zarte Artischocken, Kicher-
erbsen, in Brühe gekochte
Schnecken, Tintenfischchen und
gekochte Eier. Dazu gab es natürlich die obligate „aïoli", die ganz
frische Knoblauchsauce, und
knuspriges Landbrot aus dem
Holzbackofen. Auf diese Art läßt

*Während die Spieler mit
äußerster Konzentration
versuchen, den Gegner zu
schlagen, sparen die
Zuschauer üblicherweise
weder mit persönlichen
Tips noch mit Beifall.*

*Nächste Doppelseite:
Bei Bonifacio, malerisch
auf einen langen Fels-
vorsprung drapiert, zeigt
sich Korsika von seiner
dramatischsten Seite.*

17

Zum Essen fast zu schön sind die farbenprächtigen kandierten Früchte der Provence, die vor allem in der Gegend von Apt und Saint-Rémy hergestellt werden. Durch den kompletten Austausch des natürlichen Safts durch reinen Zucker werden die Früchte fast unbeschränkt haltbar.

es sich herrlich fasten. Früher aß man die einfachere Form dieses Gerichts praktisch jeden Freitag und man sagt, daß es in der Straßenbahn von Marseille an diesen Tagen ganz aufdringlich nach Knoblauch roch.

Die Bouillabaisse wird Marseille zugeschrieben, aber ich habe sie dort eigenartigerweise nie gut gegessen. Im Innern des Landes gibt es, außer bei Spitzenköchen, praktisch keinen Fisch. Ein Geheimtip für Fischgerichte sind immer noch die „calanques", die kleinen Buchten zwischen Marseille und la Ciotat. Sie sind zum Teil etwas schwer zugänglich, aber wunderschön. In den kleinen Restaurants gibt es ausgezeichnete Brassen und Wolfs-

barsche, die auf Fenchel gegrillt werden. Dazu trinkt man einen Weißwein aus Cassis, der auch am besten zu einer Bouillabaisse paßt.

Prominente Köche der Gegend kochen meistens nicht provenzalisch. Sie halten es mit der „haute cuisine". Natürlich gibt es Ausnahmen. Ein Lichtblick sind junge, talentierte Köchinnen und Köche, die mit den herrlichen Kräutern und den besten Zutaten, die sie finden können, leichte, farbenfrohe, gut abgeschmeckte und sehr schön präsentierte Gerichte kochen, die ganz in unsere Zeit passen.

Eigene Käse hat die Provence nicht viele. Zu erwähnen wäre der Banon, ein in Kastanien-, Eichen-

oder Bohnenkrautblätter einge-
wickelter, mit Marc befeuchteter,
hübsch verpackter, runder, kleiner
Laib, der aus Kuh-, Ziegen- oder
Schafsmilch hergestellt wird.
Dann noch die Brousses und die
kleinen Lammkäslein aus Arles,
die mit Thymian und Lorbeer
gewürzt sind.
Wer wie ich Oliven liebt, kann
vielerorts Olivenhaine und Öl-
mühlen besichtigen. Zum Beispiel
an einer der „routes de l'olivier"
in den Alpilles, in der Vallée de
Baux bei Nizza und Grasse, in
Nyons und, wo es mir besonders
gut gefallen hat, in der Nähe von
Draguignan.
Wer gerne Süßes hat, kommt im
Süden voll auf seine Kosten. Da
gibt es zum Beispiel die kleinen
„calissons" in Schiffchenform,
das delikate Mandelgebäck aus
Aix-en-Provence. In Apt werden
die Früchte der Provence in lang-
wierigen Prozeduren zu den
beliebten kandierten Früchten,
den „fruits confits".
Zu erwähnen wäre noch, daß
sich die Küche von Nizza von der
Provenceküche in vielem unterscheidet. Zubereitungen „à la
niçoise" bedeuten meistens, daß
mit viel Tomaten gekocht wird.
Andere Gerichte wie die in Teig
fritierten Zucchiniblüten, Ravioli,

Makkaroni und ähnliche Gerichte
lassen italienische Einflüsse
erkennen. Hochinteressant sind
auch die Weine des südlichen
Rhônetals. Ganz vorzüglich passen
sie zu den aromatischen Provence-
gerichten. Der rote und weiße
Châteauneuf-du-Pape ebenso wie
der Gigondas und andere, ähnliche
Weine aus den Anbaugebieten
nördlich von Orange. Vom
süßherben Muscat de Beaumes-
de-Venise serviere ich ab und zu
ein Gläschen zum Dessert. Dann
gibt es in der Provence gute
Rosés wie den Tibouren aus dem
Var, den Tavel und den Lirac, die
zwischen Bagnols-sur-Sèze und
Avignon gedeihen.
Auch Korsika hat seine eigene
Küche. Ganz besonders herrlich
sind die zahlreichen wilden Kräuter, deren Duft Napoleon bereits
in Toulon wahrzunehmen glaubte.
Darunter sind viele unbekannte
wie falscher Löwenzahn, Bor-
retsch, Sauerampfer, wildes
Spargelkraut, junge Mohnblüten,
Kapernkraut, wilde Karotten und
andere wilde Gemüse wie wilder
Spargel, Chicorée, Fenchel,
Schwarzwurzeln, wilde Radies-
chen, Wacholder und Myrte. Die
Bauersfrauen kochen eine Suppe
aus roten Bohnen, Lauch, Zwiebeln, Fenchel und Knoblauch und

*Grün oder schwarz,
eingelegt mit Knoblauch
und Kräutern, das ist fast
das gesamte Spektrum
südlicher Genüsse in
schönster Komposition.
Die meisten Oliven, die in
den südlichen Provinzen
geerntet werden, kommen
allerdings in die Ölpresse,
wogegen auch nichts ein-
zuwenden ist.*

Olivenbäume wie dieser in den Alpilles werden sagenhaft alt. Das Öl, das aus seinen Früchten gewonnen wird, dient den Menschen seit über 6000 Jahren als Nahrung, Medizin und zur Körperpflege.

würzen sie mit allen Kräutern, die sie im „maquis" finden. Zum Schluß kommen noch etwas eingemachte Tomaten und Olivenöl dazu. Die Gerichte sind pikant gewürzt und zum Teil außerordentlich einfach. Man backt und kocht dort heute noch mit Kastanienmehl. Viele Gerichte wie Ravioli, Omeletts und Krapfen enthalten Brocciu, den Frischkäse aus Schafsmilch, der auch frisch geschlagen mit Früchten, Honig oder Mandelsirup serviert wird. Dann gibt es ganz einfache Fischgerichte wie gegrillten Aal mit Lorbeer und Eintöpfe mit Gemüse und Schweinefleisch. Die oft noch freilebenden Schweine ernähren sich von Kastanien, was ihr Fleisch besonders aromatisch und zart machen soll.

Es gibt gute Weiß-, Rosé- und Rotweine auf dieser Insel sowie berühmte Liköre, zum Beispiel der Cédratine aus Zedratzitronen und andere aus Myrte oder wilder Pfefferminze.

Gegen Westen wird die Provence geografisch durch die Rhône und ihren äußersten Arm begrenzt. So gehören die Camargue und Arles noch zur Provence, die Gegend des Gard wird dagegen bereits dem Languedoc zugeordnet. Kulinarisch ist die Grenze

fließend. In der Küche der Camargue verwendet man Produkte wie Reis, Rindfleisch und viele Fische und Meeresfrüchte. Ab Nîmes lernt man dann erst die Küche des Languedoc kennen. Sie unterscheidet sich besonders durch die Verwendung des Knoblauchs, der nicht nur als Gewürz, und somit eher maßvoll, verwendet wird, sondern wichtiger Bestandteil der Gerichte ist. In Sète gibt es wiederum Unterschiede. Wir staunten über die Fülle der Meeresfrüchte, die am Hafen an Ständen feilgeboten wurden und die man sich für die Zubereitung ins Restaurant liefern ließ.

Oft gingen wir in unser Lieblingsrestaurant Pescadou zu Mimi. Man konnte durch eine Scheibe in die Küche sehen, wo es laut und hektisch zuging. Nach dem Sturm kam Mimi dann heraus und setzte sich zu den Gästen. Wenn sie guter Laune war, holte sie den Käfig mit ihrer sprechenden Amsel aus dem Nebenraum und ließ stolz den Vogel sein Repertoire aufsagen. Er krächzte „Pescadou", „cigarèèèète" sowie andere, nicht immer salonfähige Worte und wir unterhielten uns dabei bestens.

Die Miesmuscheln von Sète wer-

den in der Umgebung von Mèze in Binnenseen gezüchtet. Dazu paßt der blaßrosafarbene Vin des Sables übrigens am besten und zum Dessert ein Muscat aus Lunel oder Frontignan. Wunderbar waren auch die sorgfältig gegrillten Brassen mit der „beurre de Montpéllier", Butter, die mit viel Kresse, Spinat, Pimpernelle, Petersilie, Kerbel und Estragon gewürzt wird und oft auch noch Kapern, Sardellen und Cornichons enthält.

In Perpignan, am Fuße der Pyrenäen, gibt es dann bereits Paella und andere katalanische Spezialitäten.

Unter den Käsesorten der Gegend wäre der Pélardon-Roussillon zu erwähnen, ein kleiner Ziegenkäse, der dem Pélardon der Cevennen ähnlich ist. Nicht zu vergessen der bekannte Roquefort, der in den Causses hergestellt wird. Das südliche Languedoc bringt außerdem eine ganze Reihe hervorragender Weine hervor, die man noch nicht überall kennt. Sie sind besonders körperreich. So die Corbières, die Costières de Nîmes, die Côteaux du Languedoc und die Côtes du Roussillon. Dann gibt es noch verschiedene Blanquettes, Clairettes und den Collioure.

Nördlich von Gordes liegt mitten in Lavendelfeldern die Zisterzienserabtei Sénanque. Man meint fast, den Duft der zarten Blüten zu riechen, die hier von alters her getrocknet oder zu wertvollen Ölen verarbeitet werden.

QUER DURCHS LAND BIS ZUM ATLANTIK

Ob sich die charakteristische Wollfilzmütze der Basken als ebenso schmucke wie praktische Kopfbedeckung auch bei der jungen Generation wird behaupten können? Hier gehört sie jedenfalls immer noch zum Straßenbild.

Abbildung gegenüber: Das pittoreske alte Städtchen St.-Jean-Pied-de-Port war früher eine Station der Pilger auf dem Weg nach Santiago de Compostela.

Roussillon, Pyrenäen, Gascogne und Baskenland

Fährt man von Narbonne aus nach Carcassonne, der wunderschönen alten Stadt, sieht man linker Hand Schiffe auf dem Canal du Midi vorüberziehen, auf denen man idyllische Ferien verbringen kann. In Carcassonne beginnt das Land des „cassoulets", dem Bohneneintopf, der in vielen Variationen in ganz Südwestfrankreich zu finden ist. Die Gegend ist außerdem berühmt für gefüllten Kapaun, Poularden in Blutsauce mit Rotwein, „saupiquet" genannt, und einen riesigen Pot-au-feu mit weißen Bohnen. In den Konditoreien findet man „marrons glacés" und andere kandierte Früchte, Torten und den „bras de Vénus", eine gefüllte Biskuitroulade sowie Honig und „tourons", eine Art Nougat, die sich bestens als Mitbringsel eignen.

Von Carcassonne kann man einen Abstecher in die Pyrenäen machen. Dorthin hat sich Michel Guérard, einer der besten Köche Frankreichs, zurückgezogen. In Eugénie-les-Bains hat er mit seiner Frau ein wunderschönes romantisches Hotel eingerichtet, wo man sich mit seiner „cuisine minceur", die er auch in zwei Büchern verewigt hat, auf die

feine Art und ohne kulinarische Opfer schlank essen kann. Sind keine Fettpölsterchen loszuwerden, goutiert man seine „cuisine gourmande", die es ebenfalls in Buchform gibt.

Begeistert, aber ein Pfund schwerer war ich nach einem Besuch in der Gascogne. Das Herz dieser Gegend wird nach dem „élixir de vie", das dort gebrannt wird, „pays d'Armagnac" genannt. In Auch residiert André Daguin, der König unter den gascognischen Köchen. Er ist ein großer, sympathischer Mann, der mich und meine Freunde stets mit seinen lokalen Spezialitäten verwöhnte. So mußte wohl D'Artagnan, einer der drei Musketiere, der von dort kam, ausgesehen haben. Beim Käse und dem Dessert hatten wir stets Mühe, alles zu essen und plumpsten nach den reichhaltigen Abendmenüs jedesmal mehr als satt ins Bett.

In der Gascogne findet man die üppigste Kohlsuppe Frankreichs, die mit gepökeltem Speck, „confit d'oie" und weißen Bohnen in zwei Gängen serviert wird. Das „confit d'oie", eingemachtes Geflügelfleisch im eigenen Schmalz, ist die große Spezialität der Gegend, das es nicht nur von der Gans, sondern auch von

Gänse spielen in der Küche des Südwestens eine ganz besondere Rolle. Und das nicht nur als Lieferanten der „foie gras". Für die berühmten „confits" wird ihr Fleisch im eigenen Fett gegart und eingelegt.

Enten, Hühnern, Puten, Fasanen, Rebhühnern und vom Schwein gibt.

Außerdem wird in der Gascogne auch gerne gebacken. Besonders originell ist der „pastis gascon", eine Art Blätterteigtorte, deren hauchdünne Lagen mit Hilfe einer Gänsefeder mit flüssigem Gänsefett beträufelt werden. Gefüllt wird er mit in Armagnac marinierten Äpfeln. Nach dem Backen wird der schön aufgegangene Kuchen nochmals mit Armagnac beträufelt.

Die wichtigsten Käsesorten in den Pyrenäen und der Gascogne sind der Saint-Albray, die Brebis des Pyrénées, kleine Lammkäslein, der Bethmale aus Kuhmilch

in Zylinderform sowie der Montségur, den ich besonders aromatisch finde.

Gute Rotweine gibt es in der Gegend auch, zum Beispiel den Madiran aus den benachbarten Haute-Pyrénées, der sehr körperreich und haltbar ist.

Ganz anders ist die Küche im Baskenland. Einerseits findet man in dieser Gegend noch einige deftige Suppen, die an die Gascogne erinnern, andererseits liefert der Atlantik Fische, für die es ganz spezielle Zubereitungen mit eigentümlichen Namen gibt, wie den pikant gewürzten „Ttorro", eine Fischsuppe, oder die „morue pil-pil", den gesalzenen Stockfisch mit Knoblauchsauce, an dem man

bereits die Nähe Spaniens erkennt. Sehr beeindruckt hat mich der Besuch von Biarritz. Ich hatte in diesem früher sehr mondänen Badeort das Gefühl, in einer anderen Welt zu sein. Ich sah in Gedanken die Kaiserin Eugénie lustwandeln, der diese Stadt ihre Berühmtheit verdankt.

Fährt man weiter in Richtung Bordeaux, kommt man nach Bayonne, um das es einige kulinarische Kontroversen gibt. Früher schrieb man dieser Stadt die Erfindung der Mayonnaise zu, heute überwiegt die Meinung, sie komme aus Mahon. Dann trägt der berühmte „jambon de Bayonne" den Namen dieser Stadt, obwohl dieser ausgezeichnete Schinken in der Gascogne gesalzen und luftgetrocknet wird.

Unter den baskischen Käsen ist der Lammkäse Ossau-Iraty sowie dessen pasteurisierte, etwas fade Variante, der Etorky, am bekanntesten. Wohl gibt es auch baskische Weiß-, Rot- und Roséweine, sie weisen aber keine besonderen Qualitäten auf. Dafür sollte man den Izarra, einen grünen oder gelben baskischen Likör, versuchen oder, noch besser, ein damit parfümiertes Soufflé kosten.

Wo Schafe sind, da ist auch Milch, und man kann davon ausgehen, daß aromatischer Käse daraus gemacht wird. Das gilt auch für diesen Landstrich in den Pyrenäen.

SCHÄTZE AUS DEM WASSER UND AUS DER ERDE

Ein Sauternes vom sagen-umwobenen Château d'Yquem hat natürlich seinen Preis. Aber dafür bietet dieser hocharomatische Süßwein auch ein Geschmackserlebnis, wie man es nicht alle Tage hat.

Bordelais, Charente, Périgord und Auvergne

Fährt man von der Gascogne her die Küste entlang in Richtung Bordeaux, kommt man durch die Landes, wo sehr gutes Geflügel gezüchtet wird und es wunderbare Sandstrände gibt, zum Bassin d'Arcachon. Austernfans können dort die Zuchten besichtigen. Sonderbar fand ich, daß man im Bordelais die Austern zusammen mit kleinen, pikanten Würstchen, mit einer rustikalen „pâté" oder sogar mit „grattons", mit Fettzwiebeln bestrichenem Brot, ißt. Man erklärte mir etwas herablassend, daß dies schon ewig so sei und Ausländer das nie verstehen würden. Was mir hingegen gefiel, war der trockene Graves, der dazu kredenzt wurde.

Bei meiner ersten Reise ins Bordelais schien mir die Küche dieser Gegend auf drei Pfeilern zu ruhen. Einmal auf der „sauce bordelaise", der „foie gras", also der Gänseleber, und der „lamproie", dem häßlichen Neunauge. Früher gab es in der Gironde außer dem Neunauge auch die Störe, die Kaviar lieferten. Und man kann dazu dieselbe Geschichte wie über den Salm am Rhein hören, nämlich daß sich früher die Landarbeiter weigerten, mehr als drei-mal pro Woche von diesem Fisch zu essen. Diese Gefahr besteht heute nicht mehr – der Kaviar ist selten geworden.

Im Herbst werden kreative Gerichte mit „palombes", einer Wildtaubenart, Schnepfen, Steinpilzen und anderen regionalen Produkten angeboten. Herrlich sind auch die weißen Pfirsiche in Wein und, wie könnte es in Bordeaux anders sein, zum Kaffee die feinen „macarons de Saint-Emilion".

Das Wichtigste in Bordeaux sind die Weine. Es wäre aber müßig, hier näher darauf einzugehen, denn über dieses Thema gibt es mengenweise dicke Bücher. Amüsiert hat mich die Entdeckung, daß es da und dort immer noch eine gewisse Rivalität zwischen dem Bordelais und dem Burgund gibt, obwohl ihre Weine vollkommen verschieden sind und beide ihre Liebhaber haben. Besonders sympathisch finde ich den Brauch des „faire chabrot". Beim Auslöffeln einer Bouillon läßt man ein wenig Brühe zurück und gießt ein kleines Glas Bordeaux zu. So kommt auch die einfachste Suppe zu einem glanzvollen Finale.

Der Cognac spielt im ganzen Südwesten und Westen Frankreichs

auch in der Küche eine große Rolle. Man verwendet ihn zum Würzen, Marinieren und Flambieren. Auch in vielen Saucen darf er nicht fehlen. Für die Qualität des Cognac sind die Rebsorten, der Boden und die Reifung in Eichenfässern von entscheidender Bedeutung. Nördlich der Gironde befinden sich die ehemaligen Provinzen Aunis, Saintonge und Angoumois, die zur Region Charente zusammengefaßt wurden. Von dort stammt die „beurre des Charentes", die noch besser sein soll als die Butter aus der Normandie. Von den Küsten der Charente kommen auch die ausgezeichneten kleinen Miesmuscheln, die „moules de bouchot", und man versteht sich dort auch aufs beste auf die Fischzubereitung. Das beweisen die Suppe aus Rochenflügel, Seezunge in Weißwein sowie auch die Austern von Marennes, Oléron und La Rochelle.

Ein bekannter Käse der Charente ist der Caillebote d'Aunis. Ausgewählte Weine nördlich von Bordeaux werden hauptsächlich aus den Rebsorten Ugni Blanc, Colombard und Folle Blanche gekeltert.

Ebenfalls aus dem Cognacgebiet kommt ein bei uns wenig bekannter Likörwein, der Pineau des Charentes. Er wird aus un-

In den Wäldern wachsen die schönsten Steinpilze, die „cèpes". Kein Wunder, daß sie in vielen typischen Gerichten der Region ihren festen Platz haben.

*Nächste Doppelseite:
Aus ungewohnter Perspektive präsentiert sich hier die Kathedrale Saint-André in Bordeaux, die in ihren imposanten Ausmaßen den Vergleich mit Notre-Dame in Paris nicht zu scheuen braucht.*

„Tuber melanosporum": kugelig, schwarzbraun, bis 15 cm groß, mit warziger Oberfläche, von leicht stechendem pikantem Geruch. So die steckbriefliche Beschreibung des Traums aller Schlemmer, den Trüffeln aus dem Périgord.

vergorenem Saft unreifer Trauben, dem sogenannten „verjus", und mindestens einem Jahr alten Cognac hergestellt. Jung getrunken hat er ein fruchtiges, frisches Aroma. Noch besser ist er, wenn er einige Zeit reifen konnte.

Von der Gironde her kann man auch das Périgord erforschen. Für viele Gourmets, vor allem für französische, ist Périgueux das kulinarische Mekka. Denn die Trüffeln spielen in der klassischen Küche Frankreichs eine eminente Rolle. Spitzenköche scheinen jedenfalls ohne sie nicht auszukommen. Es ist neben der „foie gras" das Edelste, was man einem Gast bieten kann – und so hat beides auch seinen Preis. Wohl gibt es hier auch einfachere Produkte und ausgezeichnete rustikale Gerichte wie originelle Suppen aus Kastanien, „fèves", den Puffbohnen, und anderen Hülsenfrüchten. Doch die delikaten Eiergerichte verdanken ihren besonderen Geschmack wiederum den Trüffeln. Die Eier werden auch gerne damit in einem Konservenglas aufbewahrt, damit sie deren subtiles Aroma aufnehmen. Eine berühmte Spezialität des Périgords ist der „lièvre à la royale", ein Gericht, das man im Herbst nicht nur dort, sondern

auch in vielen Pariser Restaurants genießen kann. Die Zubereitung ist sehr aufwendig. Ein Wildhase wird sorgfältig entbeint, mit einer Farce, die manchmal auch „foie gras" enthält, gefüllt, in Entenschmalz gebraten, mit Gemüse und Weinbrand geschmort und zuletzt in einer mit dem Blut des Tieres gebundenen Sauce angerichtet. Ich war einmal in der Jury eines Wettbewerbs für Köche, die dieses Gericht zubereiten mußten. So probierte ich damals sieben verschiedene „lièvres à la royale".

Es war Ostern, als ich das erste Mal durch die Auvergne fuhr, und mir fiel sofort auf, wie sehr sich das Klima dieser wilden Gegend von dem der umliegenden Landstriche unterschied. Überall hatten wir auf der Durchreise schon Tulpen und Osterglocken gesehen und nun kamen wir praktisch wieder in den Winter. Alles war grau, wild und sogar etwas mysteriös – und überhaupt nicht touristisch. Auf der Graniterde und an den Hängen der erloschenen Vulkane wächst nicht sehr viel. So ist auch die Küche überaus einfach, solide, rustikal und ziemlich unbekannt. Das kulinarische Zentrum der Auvergne ist Saint-

Flour. Wie in früheren Zeiten gibt es dort noch heute sehr viele Suppen aus den Produkten der Gegend wie Kohl, Rüben, Kastanien, Steinpilze, Karotten, Lauch, kleine weiße Rüben und Kartoffeln, mit und ohne Käse. Die bekannteste ist die „soupe auvergnate". Dann gibt es viele Gerichte mit Fleisch und auch Innereien vom Schwein, das man in der Auvergne achtungsvoll mit „Monsieur" tituliert! Eine große Spezialität, die allerdings nicht jedermanns Sache ist, sind die „tripous", mit Schafsfüßen gefüllte Kutteln. Und wer gerne Süßwasserfische hat, kommt auch voll auf seine Rechnung. Da gibt es noch echte Bachforellen, die meistens „blau" gekocht und mit viel brauner Butter aus der Gegend serviert werden.

Für mich einer der besten Blaukäse überhaupt ist der Fourme d'Ambert. Er wurde, was man ab und zu heute noch sieht, in kleinen Hütten auf dem Feld gereift und hat ein überaus mildes Aroma. Bekannt ist auch der Cantal. Er kommt aus der Gegend des Puy de Dôme und wird aus Kuhmilch hergestellt. Dann gibt es den Saint-Nectaire und den Gaperon und verschiedene Ziegen- und Blaukäse.

Um Clermont-Ferrand findet man ein paar Landweine, die keine großen Namen haben. Allein der Chanturgue kann für sich in Anspruch nehmen, eine gewisse Bekanntheit erlangt zu haben.

Die Nachfrage nach Trüffeln ist weltweit so groß geworden, daß der Bedarf kaum noch aus einheimischen Vorkommen gedeckt werden kann. Denn noch ist es nicht gelungen, diesen ebenso merkwürdigen wie kostbaren Edelpilz in Zuchten zu vermehren. Er wird nach wie vor mit speziell abgerichteten Hunden oder Mutterschweinen in den Wäldern der Region aufgespürt.

DER GARTEN FRANKREICHS

Rauschende Feste, Liebe, Macht und Intrigen – die Mauern der prachtvollen Schlösser, die kunstsinnige Fürsten in die idyllische Landschaft setzen ließen, könnten viel erzählen. Das Château de Villandry ist in erster Linie für seine Renaissancegärten bekannt, in deren kunstvoll angelegten Beeten nicht nur Blumen, sondern auch allerhand Gemüse zu finden sind.

Orléanais und Loiretal

Die Touraine und die daran angrenzenden Provinzen ist für mich eine der reizvollsten Gegenden Frankreichs. Da könnte ich Wochen verbringen, ohne mich zu langweilen. Aber auch das würde nicht ausreichen, um alle die wundervollen Schlösser der Gegend zu besuchen. Überall stößt man auf Zeugen der französischen Geschichte und in Gedanken sieht man überall historische Gestalten. In Chambord habe ich königliche Treibjagden vor Augen, in Chenonceau Diane de Poitiers zu Pferd und im Schloß von Madame Pompadour eilige Lakaien, die das Leibgericht ihrer Herrin von den abgelegenen Küchen an den reich gedeckten Tisch bringen.

Aber auch als Gourmet kommt man voll auf seine Kosten. Der „Garten Frankreichs" liefert unzählige bekannte und unbekannte Gemüse wie zum Beispiel Karden, violetter Sellerie, „fèves", die dicken Bohnen, und „flageolets", Kernbohnen, interessante Kürbissorten, kleine weiße Rüben und herrliche Früchte wie Beeren, Kirschen, Reineclaudes, besonders gute Äpfel und Birnen, Quitten, Zwetschgen und „nèfles", die Mispeln, um nur einige zu nennen. In den dichten Wälder findet man außerdem reichlich Pilze.

In Orléans habe ich den besten Spargel gegessen, der mir je in Frankreich serviert wurde. Er war im Loir-et-Cher südlich von Orléans kurz davor frisch gestochen worden.

Aus Flüssen und Seen gibt es verschiedene Fische wie Forellen, Zander, Barsch und Hecht, die vorzugsweise mit „beurre blanc", einer Buttersauce, serviert werden, dann Aal in leichter Senfsauce und Alsen, ein Meerfisch, der zum Laichen die Flüsse hochschwimmt, mit Sauerampfer. Mit den guten Weinen der Region entsteht hier auch die beste „matelote". Curnonsky (1872–1956) bezeichnete einmal die Küche der Touraine als „klar, logisch und echt". Übrigens wurde dieser heute noch sehr bekannte Schriftsteller und Gastronom, der eigentlich Maurice Edmond Sailland hieß, in einer alteingesessenen Familie in Angers geboren. Er war der Gründer und erster Präsident der „Académie des Gastronomes" und vertrat eine Philosophie des einfachen, guten Essens ohne Firlefanz. Er betonte immer wieder, daß gute Küche jene sei, die den

Frankreich hat noch sehr viel ursprüngliches Landleben zu bieten. Es hätte kaum treffender eingefangen werden können als in dieser malerischen Szenerie im Herzen der Touraine.

Eigengeschmack der Produkte nicht beeinträchtige.

Eines Tages besuchte ich auch das Manoir de Saché bei Tours, wo Honoré de Balzac einige seiner unzähligen Romane verfaßte. Sein Arbeitstisch steht heute noch in einer kleinen Kammer, wo er bei der Arbeit Unmengen von rabenschwarzem Kaffee trank. Dort entstand auch sein Roman „Le Lys dans la vallée", der beweist, daß er ein sehr interessierter Feinschmecker war. Vorwiegend bekannt war er allerdings als Vielfraß. Sein Verleger sah ihn einmal zum Abendessen acht Dutzend Austern, zwölf Lammkoteletts, eine Ente mit kleinen weißen Rüben, zwei gebratene Rebhühner sowie eine ganze Seezunge verspeisen. Dazu noch mehrere Hors-d'œuvres und Süßspeisen. Und alles begossen mit den besten Weinen, Likören und Kaffee.

Im Herbst zur Jagdzeit gibt es viel Wild, das phantasievoll zubereitet wird. Zum Beispiel Wachteln, eingehüllt in Weinblätter und geschmort in „verjus", gefülltes, im Dampf gegartes Rebhuhn, Wildente mit Apfelkrapfen oder Frischling „en salmis", ein Wildschweinragout. Eine sehr alte und berühmte Spezialität ist die

„pâté d'alouette", die Lerchenpastete, die bereits Charles IX. begeistert haben soll, als er von Hugenotten als Geisel gefangengehalten wurde. Nach seiner Befreiung erließ er ihnen die Strafe gegen das Rezept dieser Pastete.

Geschossen werden auch Krähen, von denen nach einer alten Empfehlung Suppe gekocht werden soll. Das Rezept ist einfach: Man koche sie mit Gemüse und einem großen Stein, bis dieser gar ist, dann sollen es die Krähen ebenfalls sein. Auch Geflügel wird in dieser Region großgeschrieben. Vor allem ein kleines, zartes schwarzes Jungmasthuhn, „géline" genannt, sowie die bekannten „Col-vert"-Enten. Besonders beliebt sind die „rillettes", eingemachte Speckgrieben mit Schweinefleisch, die in Steinguttöpfen aufbewahrt und serviert und von Metzgern „confiture de cochon" genannt werden. Allerdings gibt es „rillettes" auch aus Hasenfleisch. Aus „rillettes" wird auch die „quiche tourangelle" gemacht. Man belegt einen Kuchenboden damit, versieht das Ganze mit einem Eier-Sahne-Guß und bäckt es mit einem Teigdeckel.

Aus der Sologne im Süden von

Orléans stammt die berühmte Tarte Tatin, die man deshalb oft auch „solognote" nennt. Unbedingt probieren sollte man auch den „tartouillat", ein Kürbisapfelkuchen. Weiterhin erwähnenswert sind die milden Senfsorten aus Orléans, die in hellen und braunen Variationen hergestellt werden und ausgezeichnet zu kaltem Fleisch passen. Hervorragend sind auch die verschiedenen, besonders aromatischen Essigsorten, die aus den Weinen der Gegend hergestellt werden. Die Provinzen im Herzen Frankreichs bringen auch viele beachtenswerte Käsesorten hervor.

Bekannt sind beispielsweise der Olivet, die Crottins de Chavignol sowie auch der Santranges-Sancerre.
Auch Weine gibt es in stattlicher Zahl. Vor allem weiße wie der bekannte Sancerre, der leichte Muscadet und der blumige Pouilly Fumé. Dann auch die Weine aus dem Anjou, die Rotweine aus Chinon und Bourgueil sowie verschiedene lokale, zum Teil rare Provenienzen.

Bis vor etwa hundert Jahren herrschte auf der Loire noch reger Schiffsverkehr. Gütertransport und romantischer Schiffstourismus finden nun auf den Seitenkanälen statt, die Loire ist heute Europas letzter wilder Fluß. Hier die Kanalbrücke bei Briare.

DIE WOHLTAT DES MEERES

Daß ausgerechnet im Bigoudenland, wo der Wind oft genug Sturm-stärke erreicht, die Trachtenhauben der Frauen eine so eindrucks-volle und filigrane Höhe ausgebildet haben, ist wohl einfach Sinnbild dafür, daß man gelernt hat, der Natur die Stirn zu bieten.

Abbildung gegenüber: Die Pointe du Raz, eine Felsspitze, die weit ins Meer ragt, ist der west-lichste Punkt der Bretagne. Finistère heißt diese Gegend deshalb auch folgerichtig, von „finis terrae", Ende der Welt.

Bretagne

Die Bretagne und die Normandie werden in Beschreibungen gerne zusammen erwähnt, weil sie geo-graphisch zusammenhängen und ähnliche Produkte hervorbringen. Wer aber beide kennt, sieht die Unterschiede. Trotz des etwas rauhen Klimas gedeihen dort dank des Golfstroms vielerorts die herrlichsten Gemüse, unter anderem die großen, fleischigen Artischocken.

Andere Landstriche dieser Region sind sehr arm und beinahe unfruchtbar. Die Bretagne kam erst 1532 zu Frankreich. Den Einheimischen sagt man nach, sie hätten die härtesten Köpfe von Frankreich. Das mag damit zusammenhängen, daß sie ur-sprünglich Kelten sind. Menhire und Dolmen, die in Carnac zu besichtigen sind, zeugen von die-ser Vergangenheit.

Meine ersten Eindrücke über die Bretagne verdanke ich einem Kinderbuch. Wohlsituierte Pari-ser Familien pflegten früher ihre Dienstboten in der Bretagne zu holen. So kam auch Bécassine in meinem Buch als Kindermädchen nach Paris. Im ersten Band sieht man sie noch als eine Art Gänse-liesel in ihrer Heimat mit Holz-schuhen, Tracht und nonnen-

artiger weißer Flügelhaube. Im Hintergrund die bretonische Landschaft, Meer und Wind-mühlen. Danach entdeckte das junge Mädchen die Wunder der Großstadt. Alle ihre Abenteuer und Mißgeschicke wurden in farbigen Bildgeschichten erzählt. Bécassine schien etwas einfältig, was allerdings täuschte, denn sie zeigte gesunden Menschenver-stand und Charakter in ihren Äußerungen. Ihre Heimatsprache wurde von den Parisern nicht verstanden und ihr komisches Französisch liebevoll verulkt. Sie war es, die in mir als Kind den Wunsch weckte, die Bretagne kennenzulernen, was ich später auch tat.

Die Bretagne ist das Land der Fischer par excellence. Sie brin-gen eine große Vielfalt an Fischen und Meeresfrüchten an Land, darunter Sardinen, Heringe, See-zungen, Glattbutt, Steinbutt, Lachs, Petermännchen, Makre-len, Meeräschen, Rotzungen, Seeteufel, Rochen, Thunfisch, Petersfisch, Wittling sowie unzählige Meeresfrüchte. Beson-ders erwähnen möchte ich hier nur die kleinen „crevettes grises", kleine graue Krabben mit aus-gezeichnetem Aroma, und den hervorragenden Hummer, die

Der größte Teil der französischen Artischocken- produktion kommt in Form von großen, grünen Köpfen mit dickem, flachem Boden aus der Bretagne. Geerntet wird hauptsächlich von August bis Oktober.

„coquilles St. Jacques", die Jakobsmuscheln, und die kleinen, fleischigen Miesmuscheln. Eine besondere Spezialität ist die „criste-marine", eine Meeralge mit blaugrünen Blättern, die nach der Blüte wie Cornichons in einer Essigmarinade eingemacht und zu Wurstwaren oder als Salat gegessen wird. Dazu liefern die Flüsse der Gegend Hechte, Karpfen, Forellen, Aale und Krebse. Von Milchprodukten wird beim Kochen etwas bescheidener Gebrauch gemacht als in der Normandie. So zum Beispiel auch bei den Meeresfrüchten. Man verspeist sie vorwiegend „nature". Hingegen stammt die „beurre blanc", die typische Buttersauce, die man in der Loiregegend und bis hin nach Savoyen zum Fisch serviert, aus Nantes. Man findet aber auch sehr rustikale Gerichte wie etwa deftige Suppen. Berühmt ist die „cotriade", die bretonische Fischsuppe, von der es mindestens so viele Variationen gibt wie von der Bouillabaisse. Wie diese war sie ursprünglich ein einfaches Fischergericht. Heute sagt man, sie müsse zwölf Fischsorten enthalten, was in der Bretagne natürlich kein Problem ist. Bekannt sind auch die „galettes au blé noir", die Buchweizen-

fladen, die lange Zeit die Grundnahrung der Landbevölkerung darstellten. Bei den Crêpes wird für die pikanten Varianten Buchweizenmehl und für die süßen Weizenmehl verwendet. Interessant sind auch die „fars". Dazu wird Buchweizenmehl mit etwas Wasser verknetet, zu einem Kloß geformt, in einen Sack gegeben, in eine Kohlsuppe mit Speck gehängt und dabei gekocht. Die „fars" werden ebenfalls in Variationen von pikant bis süß zubereitet, wobei die letzteren mit Weizenmehl, Eiern, Zucker und eventuell Rum ergänzt und in kleinen Formen gebacken werden. Am besten finde ich die mit Dörrzwetschgen.

In der Bretagne werden viele Käse für ganz Frankreich industriell hergestellt. Lokale Spezialitäten sind die verschiedenen Trappistenkäse aus den Klöstern wie der Port-Salut, der Carré breton sowie kleine Ziegenkäse.

Das Hauptgetränk der Bretagne ist wie auch in der Normandie der „cidre", der Apfelwein. Wird Wein getrunken oder zum Kochen verwendet, ist es meistens der Muscadet von der Loiremündung. Es gibt auch einen Apfelbranntwein, der aber nicht Calvados, sondern „lambig" genannt wird.

Es mutet den Gast seltsam an, daß die Einheimischen oft Schweinefleisch dem Fisch vorziehen. Auf keinen Fall fehlen darf bei allen Gerichten der Cidre. Ob im Restaurant oder wie hier bei einem fröhlichen Schmaus unter freiem Himmel.

Die Küstenfischer bringen wie hier in Guilvinec täglich die schönste Auswahl an Fischen, Langusten, Hummern, Krebsen und Muscheln an Land. Die köstlichen Austern kommen dagegen fast ausschließlich aus Zuchten.

41

SAHNE, CIDRE UND MEHR

In der Normandie hängt der Himmel voller Äpfel. Beim Gang durch Küche und Keller findet man sie in allen erdenklichen Formen wieder: als Begleiter von delikaten Meerestieren und saftigem Fleisch, in verführerischen Desserts, als spritzigen Cidre oder vollmundigen Calvados.

Abbildung gegenüber: Von wahrhaft atemberaubender Schönheit sind die Kreidefelsen an der Steilküste von Etretat.

Normandie

In der Normandie spürt man heute noch die nordische Vergangenheit. Die Normannen sind ernsthafter als die übrigen Franzosen und eine gewisse Halsstarrigkeit ist ihnen nicht abzusprechen.

Kulinarisch gehört die Normandie zu den bevorzugten Regionen Frankreichs. Das Meer und der Boden bringen alles hervor, was man sich für die gute Küche wünschen kann. Angefangen bei den Fischen und Meeresfrüchten über die vorzüglichen Milchprodukte wie Milch, Sahne und Butter bis hin zu Fleisch, Geflügel, Gemüse und Obst. Die Küche der Normandie ist dementsprechend üppig. Es gibt praktisch keine Sauce, die nicht mit der wunderbaren elfenbeinfarbigen Sahne zubereitet wird. Auch viele Fische und Meeresfrüchte werden damit serviert und oft noch überbacken. Wie in der Bretagne ist die Auswahl an Produkten aus dem Meer sehr groß und vielfältig. Ein Bild vom Angebot kann man sich auf den großen Fischmärkten von Trouville und Honfleur machen. Es gibt aber auch besondere Spezialitäten wie beispielsweise die „demoiselles de Cherbourg". Das sind kleine, zarte

Hummer, die „à la nage", das heißt in wenig Flüssigkeit, mit Gemüse und Kräutern sanft gegart und im Sud mit etwas Butter verfeinert, serviert werden. Ein göttliches Gericht! Dann gibt es die rosafarbenen „crevettes bouquet", die in einem Sud aus Wasser, Apfelwein, Meersalz und schwarzem Pfeffer gegart werden und noch warm – meistens im Abtropfsieb – mit Mayonnaise und Gewürzen auf den Tisch kommen. Austern werden in der Normandie nicht nur roh gegessen, sondern oft mit verschiedenen Saucen überzogen und überbacken.

Sehr geschätzt wegen ihrer Qualität sind die Enten aus Rouen. Um das Blut, das für die Sauce des „canard à la rouennaise" benötigt wird, aufzufangen, wurden die Enten früher erstickt. Die Zubereitung mit der Blutsauce ist seltener geworden. Auch im legendären Pariser Restaurant La Tour d'Argent, wo die auf diese Art zubereiteten Enten durchnumeriert werden, ist man heute davon abgekommen. Nicht auslassen darf man die „tripes à la mode de Caen" sowie die geräucherten „andouilles", eine Innereienwurst, und die kleineren „andouillettes". Ebenso drängt

„Er duftet wie die Füße des lieben Gottes", so soll es einmal einem Käseliebhaber angesichts eines Camemberts auf dem köstlichen Höhepunkt seiner Reife entfahren sein, eines echt normannischen, versteht sich.

sich ein Besuch des Mont-Saint-Michel auf. Dort gibt es zwei Restaurants. Empfehlenswert ist die berühmte „omelette de la mère Poulard", die Kreation einer Köchin dieses Namens. Es ist bestechend einfach. Die Eigelbe werden verquirlt, die Eiweiße steifgeschlagen, dann kommt viel Butter in die Pfanne, die Eigelbe werden zugegeben und sobald sie stocken, kommt Sahne hinzu und am Schluß der Eischnee. Das Ganze muß sehr schnell geschehen. Überhaupt werden Omeletts in der Normandie großgeschrieben. Es gibt viele Variationen, zum Beispiel mit Karpfenrogen, Crevetten oder „à la cauchoise" mit Äpfeln. Dann auch Crêpes aus Buchweizenmehl, ähnlich wie in der Bretagne, aber mit Ei, Sahne und Calvados verfeinert und viel dünner.

Im Gegensatz zur Bretagne, spielen Äpfel in der Küche eine wichtige Rolle, und zwar nicht nur bei der Zubereitung von Süßspeisen, sondern auch als Beilage zu Fleisch- und Entengerichten – und natürlich zur Herstellung des „cidre" und des Calvados.

Die Normandie ist berühmt für ihren Käse, vor allem für den Camembert, um den sich die folgende Legende rankt. Man

erzählt, daß ein Priester während der französischen Revolution Zuflucht in einem Bauernhaus suchte. Die gottesfürchtige Bäuerin nahm ihn in ihrem Hause auf. Als Dank hinterließ ihr der Geistliche das Rezept eines Käses, der später zum Camembert wurde. Deshalb errichtete man der Bäuerin, Marie Harel, eine Statue in Vimoutiers, genau neben der, die dort zu Ehren der normannischen Kuh steht. Seit kurzem gibt es in dieser Ortschaft auch ein Camembertmuseum, wo man die Herstellung und die Geschichte dieses Käses dargestellt hat.

Ein guter Camembert sollte außen vorwiegend weiß sein und nur wenig braune Streifen aufweisen. Er soll unter Fingerdruck nachgeben, sich aber nicht zu weich anfühlen. Er muß also reif sein, darf aber noch nicht fließen. Andere bekannte Käse sind der Livarot aus Kuhmilch mit rötlicher Rinde, der zu kleinen Zylindern geformt wird, sowie der Pont-l'Evêque. Dann gibt es noch den Neufchâtel, der dank den Kräutern dieser Gegend aus besonders aromatischer Milch hergestellt wird. Ferner den Pavé d'Auge aus der Nachbarschaft, den Brillat-Savarin sowie den überall erhältlichen Boursin.

Honfleur hat sich den malerischen Reiz eines alten normannischen Hafens erhalten können. Museal geht es im betriebsamen Hafenbecken vor den schieferverkleideten Fassaden deshalb aber noch lange nicht zu.

Das Angebot dieses Fischstands im alten Seebad Trouville – ein Traum für alle, denen die Delikatessen aus dem Meer das höchste der Gefühle sind.

DIE GEHEIMEN GENÜSSE DES NORDENS

Die Landschaften des Nordens stehen den anderen Regionen an Reizen in nichts nach, wie das Bild dieser alten Kirche zwischen den sanften Hügeln des Artois beweist.

Flandern, Artois und Picardie

Im Norden Frankreichs ist die Küche deftig und die Einheimischen, besonders die Flamen, sind bekannt für ihren großen Appetit. Die meisten regionalen Spezialitäten stehen unter dem Einfluß der belgischen Küche. Es gibt im Norden Frankreichs und in Belgien auch ähnliche Produkte wie beispielsweise Chicorée, Lauch und andere Gemüse, Kaninchen, Zwetschgen und vor allem Bier, das übrigens ausgezeichnet ist und auch zum Kochen verwendet wird. Auch manche Käse werden darin eingelegt. An den Küsten gibt es Makrelen, Heringe, Meeraal, Miesmuscheln und Hummer. Bemerkenswert sind auch hier die kleinen, grauen Krabben, die „crevettes grises", die einen einmaligen Geschmack haben. Man findet sie vor allem an der Sommemündung. Allerdings macht das Auslösen dieser kleinen Meerestiere aus der Schale sehr viel Arbeit. Deshalb bekommt man sie vielerorts auch ohne Schale, die vorher von Fischersfrauen und Kindern entfernt wurde. Berühmt für ihre Fischküche ist vor allem die Stadt Boulogne, von der Charles Dickens sagte, wenn man zu Essenszeiten durch die

Straßen dieser Stadt flaniere, würden herrliche Düfte aus den Küchen verraten, daß hier das Essen gut sein müsse. Auch heute soll es noch so sein. Den Fischreichtum verdankt Boulogne seiner vorteilhaften Lage, von wo aus die Fischer sowohl in den Kanal als auch an die Küsten Islands und in noch weiter nördliche Gebiete in See stechen. Im Norden Frankreichs gibt es auch Flußfische wie Karpfen und Aale. Letztere werden wie in Belgien und Holland als „Aal grün" zubereitet. Auch Fleischgerichte und Eintöpfe haben einen hohen Stellenwert. So findet man dort die „carbonade", einen Eintopf aus Rindfleisch, Zwiebeln und Bier, den „hochepot", eine Art Schmorgericht aus Ochsenschwanz oder Schaffleisch sowie, wie in Belgien, den „waterzooï", in Wasser gegartes Hähnchen, der an der Küste auch aus Fischen zubereitet wird. Beliebt ist auch das „lapin à la flamande", Kaninchen mit Zwetschgen in Wein gekocht, sowie das Roastbeef aus Schaffleisch, das mit Speck und Zunge gespickt wird. Gerne ißt man auch Gemüsegerichte wie beispielsweise die „flamique", ein ausgezeichneter Lauchkuchen

mit einem köstlichen Eierguß. Auch Süßes liebt man im Norden und es werden viele lokale Spezialitäten angeboten wie zum Beispiel die „bêtises", zu deutsch „Dummheiten", von Cambrai und Douai oder die „petits quinquins" von Lille sowie noch viele andere, die alle ebenfalls lustige Namen haben.

Im Norden gibt es kräftige Käsesorten, allen voran der Maroilles, ein Käse, der während der Reife alle zehn Tage mit Bier benetzt wird. Eine Variante dieser Spezialität ist der Dauphin mit Estragon, der oft auch in Herz oder Wap

penform angeboten wird. Er soll für den Sohn von Ludwig XIV. hergestellt und ihm anläßlich eines Besuchs geschenkt worden sein. Bekannt ist auch der stark riechende Maroilles gris, auch „Lille puant" genannt, und mildere Sorten wie der Mimolette française.

Die Biere aus Nordfrankreich haben einen sehr guten Ruf. Unbedingt probieren sollte man auch den Genièvre, ein Wacholderschnaps, der dem englischen Gin in nichts nachsteht. Der bekannteste kommt aus Wambrechies.

Der Chicorée wächst aus der Zichorienwurzel in totaler Dunkelheit in etwa zwei bis drei Wochen zur vollen Größe heran. Um seine appetitlich weiße Farbe zu erhalten, muß man ihn nach der Ernte sofort verpacken.

Quetschen, Quiche und Champagner

Obwohl das alte Winzerstädtchen Riquewihr zu den wohl meistbesuchten Orten des Elsaß gehört, gibt es auch hier immer noch ganz romantische, stille Winkel.

Elsaß, Lothringen und Champagne

Das „wundervolle Elsaß", wie Goethe es nannte, weckt in mir unzählige Erinnerungen. Zuerst einmal die Weinstraße mit den schönen Fachwerkhäusern, den Storchennestern auf Dächern und Kirchtürmen und die malerischen Weindörfer, wo wir uns zu Speis und Trank gerne niederließen. Immer wieder landeten wir in Riquewihr, dem allerschönsten, damals noch nicht so touristischen Städtchen. Dort bei Schmidt Jules fühlten wir uns zu Hause. In seinem kleinen Beizlein wurden mit einem Glas Sporen, einem Wein, den es nur in diesem Dorf gibt, und „ziwelewai", Zwiebelkuchen, empfangen. Dann gab es einfach seine jeweilige Tagesspezialitäten, zum Beispiel Froschschenkel, Schnecken, Gänseleberpastete oder Bachforellen aus den Vogesen, danach „coq au Riesling", „surlewerla", die Schweinsleber in Weinsauce mit Knöpfle, oder, je nach Saison, gefüllte Gans, Reh oder Wildgeflügel. Das Ganze wurde gekrönt von einem unvergeßlichen Mirabellen- oder Quetschenkuchen. Nach reichlich Riesling oder Traminer und einem Gläschen Himbeergeist, dem „framboise d'Alsace", sanken wir in den rot ausgemalten Zimmern des Hauses glücklich ins Bett. Ab und zu, wenn die Zimmer ausgebucht waren, verfrachtete uns Schmidt Jules zu einem Freund, dem Apotheker gegenüber, wo wir in einem Hinterzimmer inmitten von wunderschönen Apothekerantiquitäten übernachten durften. Nach dem Frühstück mit frisch gebackenem Kugelhopf ging es weiter nach Colmar ins Museum Unterlinden, wo uns der Isenheimer Altar immer wieder aufs neue beeindruckte. Mittags stärkten wir uns im Maison des Têtes mit einem herrlichen Sauerkraut nach dem Rezept des großen Elsässer Illustrators Hansi, der auch als Hobbykoch bekannt war und seiner Stadt diese Kochanweisung hinterließ. Die Colmarer sind stolz darauf und lassen nichts anderes gelten. Wenn Hansi wüßte, daß man in den Straßburger Nobelherbergen zum Schluß kalten Champagner über das Kraut gibt, er würde sich im Grab umdrehen.
Bei anderen Ausflügen flitzten wir an unzähligen Feldern mit Hopfenstangen vorbei, um so schnell wie möglich in Straßburg zu sein. Es galt, den Markt nicht zu verpassen. Da sahen wir mit Vergnügen, was das Elsaß anzu-

Wenn die Tage kürzer werden, dann ist auch im Elsaß Zeit für die Weinlese. Und die wird hier wie überall, wo der jahreszeitliche Ablauf der Rebenpflege den Alltag bestimmt, unter dem Einsatz aller verfügbaren Kräfte in Handarbeit geleistet.

bieten hat: Fisch wie Forellen, Zander, Hecht und Karpfen, eine Riesenauswahl an Gemüsen, Obst, appetitlichen Geflügel- und Fleischauslagen, unzählige Würste und zur Jagdsaison Wachteln, Rebhühner, Fasane und anderes Wildgeflügel. Hinter dem Markt gab es außerdem einen Flohmarkt, wo ich nach typischen alten Elsässer Kuchenformen Ausschau hielt. Dann suchten wir ein schönes Gasthaus auf und aßen mit Vorliebe den Baeckeofe. Allzugerne hätte ich die honigfarbene Terrine, in der diese Spezialität serviert wurde, mitgenommen. Dann entdeckte ich eines Tages eine solche Form bei einem Antiquitätenhändler. Er fand sie aber viel zu groß für mich und schickte mich nach Soufflenheim,

wo in praktisch jedem Haus ein Töpfer wohnt. Nach alten Mustern werden dort Terrinen, Kugelhopf- und andere Kuchenformen hergestellt, wie sie im Elsaß vor allem früher benutzt wurden und heute meistens nur noch als Dekoration dienen. Gebacken wird deshalb aber nicht weniger. Da gibt es zum Beispiel den Flammeküeche, ein flacher Kuchen, der nicht etwa flambiert wird, sondern seinen Namen den Flammen des Holzbackofens verdankt, dazu unzählige Küchlein wie die Schenkele, Jungfraukiechla mit Orangenwasserteig und Bretzels.

Besondere Käsesorten hat das Elsaß kaum, außer dem weithin bekannten Münster, der in ganz Ostfrankreich verbreitet ist.

Seine Herstellung geht auf alte Zeiten zurück. Man sagt, daß er von deutschen Mönchen in Klöstern des Münstertals erfunden wurde. Er hat ein starkes Aroma, das sich sehr gut mit Kümmel verträgt.

Elsässer Weißweine sind sehr beliebt. Es sind dies vor allem die „appellations contrôlées" wie der Pinot gris, im Elsaß auch Tokay genannt, der Klevner, Sylvaner, Muscat, Gewürztraminer, Riesling und Gutedel. Dann gibt es noch einfachen Landwein, zum Beispiel den Knipperlé, den Goldriesling und einen Roséwein aus Pinottrauben, der besonders gut zum Sauerkraut paßt. Der Edelzwicker besteht aus einer Mischung von verschiedenen edlen Rebensorten.

Das Elsaß ist aber auch bekannt für sein Bier, das gerne zu den deftigen Spezialitäten und dem Münsterkäse getrunken wird. Hochwertig sind auch die Obstbranntweine aus verschiedenen Früchten und Beeren wie Himbeeren, Quitten, Mirabellen oder den „alises", den Früchten der Eberesche.

In Lothringen findet man ähnliche Gerichte wie im Elsaß, nur sind sie deftiger, etwas langweiliger und weniger typisch. Kulinarisch gesehen ist nicht die Hauptstadt Metz am interessantesten, sondern Lunéville, wo sich Stanislas Leszczyński, polnischer König und Schwiegervater von Ludwig XV. im 18. Jahrhundert niederließ. Er wird als Feinschmecker verehrt und kochte

Kurze Pause für ein einfaches, aber habhaftes Vesper mit Brot, Kartoffeln und Käse.

Monatelang stecken die Champagnerflaschen in den sogenannten Rüttelpulten, wo sie immer wieder von Hand mit einem kleinen Ruck gedreht werden müssen, damit sich das Depot von der Flaschenwand löst, nach und nach in Richtung Korken wandert, um beim Degorgieren dann entfernt werden zu können.

auch selbst. So wird ihm unter anderem die Erfindung des „baba" zugeschrieben, einem mit Rum getränktem Hefering. Lothringen verdanken wir die „quiche lorraine", ein Speckkuchen mit Zwiebeln und Eierguß, von dem es unzählige Varianten gibt. Nicht zu verwechseln mit der „tourte lorraine", einer Blätterteigtorte, gefüllt mit mariniertem Kaninchen- und Kalbfleisch. Unbedingt erwähnenswert sind außerdem die Gerichte aus Flußfischen, wie Hecht „en matelote", Barsche in Weißweinsud und die Forellenterrine. Weitere typische Spezialitäten sind ein nahrhafter Eintopf, die „potée lorraine", gespickter Kalbsbraten, verschiedene Lauchgerichte, Schaffleischsuppe und das Sauerkraut, einfacher garniert mit gepökeltem Speck, „saucisson lorrain" und Kartoffeln. Das Besondere an diesem Gericht ist, daß es vor dem Anrichten mit sehr viel Butter verfeinert wird. Und man liebt hier Süßes. Verschiedene Konfitüren und Fruchtkonserven haben sich einen Namen gemacht. Dasselbe gilt für einiges Gebäck wie die „madeleines de Commercy" und die „macarons de Lunéville". Weine gibt es in dieser Gegend

nur sehr wenige, und zwar aus dem Moselgebiet und aus der Nähe von Toul. Es sind vor allem helle Rotweine, die Vins gris. Sie werden jung getrunken. Man spricht ansonsten eher dem ausgezeichneten Bier zu und auch der Kirsch des Val d'Ajol und der einheimische Heidelbeerlikör sind nicht zu verachten.

Die Champagne sei blond, schrieb Austin de Croze, ein französischer Gastrosoph. Sie sei goldfarben wie das Band im Wappen von Reims, der Weizen aus Brie, das Bier aus den Ardennen und der „cidre", der Apfelwein, von Thiérarche. Die kulinarisch interessanteste Stadt ist ohne Zweifel Sainte-Menehould. Unzählige Spezialitäten tragen diesen Namen: Schweins- und Kalbsfüße, Kalbskopf, Ochsenschwanz, Schafshälse sowie panierter Rochen mit Kapernsauce. Wie in Lothringen gibt es auch in der Champagne einige bekannte Fischgerichte, außerdem Schinken im Blätterteig, gefüllte Gans und einige neukreierte Gerichte, die mit Champagner zubereitet werden.

Der Champagne zugeschriebene Käse sind der Langres, der rassige Chaource und der weltweit bekannte Brie.

Nicht zuletzt steht die Champagne natürlich für den Champagner. Das günstige, milde Klima der Gegend und der Kreideboden, in den tiefe Keller gegraben wurden, tragen zum Gelingen des berühmten Schaumweins bei. Der Champagner nach „méthode champenoise" wird von Hand gerüttelt und stammt zu einem guten Teil von Pinot noir-Trauben, aus denen der Blanc de noir gekeltert wird, und von Chardonnaytrauben für den sogenannten Blanc de Blancs. Champagner entsteht durch Mischung von verschiedenen Traubensorten, die von den berühmten Kellereien geheimgehalten werden. In drei Regionen wird Champagner produziert: Montagne de Reims, Vallée de la Marne und Côte des Blancs. Aber anders als bei den Weinen ist beim Champagner der Markenname wichtiger als die Herkunft, obwohl es auch bekannte Spezialitäten aus Avize, Ay, Cramant und Mailly gibt. Champagner gibt es auch rosé und „nature", also als „stillen" Wein. Bekannt ist auch der Bouzy, ein roter Champagner.

Fünf Palais und eine Unzahl bis ins kleinste Detail verzierter Laternen, Brunnen, vergoldete Gitter und Portale umsäumen den Place Stanislas im lothringischen Nancy.

DIE HAUPTSTADT
KULINARISCH

*Die Métro nahm im Jahr
1900 ihren Betrieb auf
und ist heute immer noch
die schnellste Fortbewe-
gungsart durch die Stadt
an der Seine.*

Ile-de-France

Die Ile-de-France war früher der
Gemüsegarten Frankreichs.
Inzwischen sind die Kulturen
zum großen Teil von der wachsenden Hauptstadt verdrängt
worden. Nur die Namen der ehemaligen Gemüsehochburgen
unter den Vororten leben noch
auf den Menükarten der klassischen Küche weiter.

Paris ist der Schmelztiegel aller
regionalen Spezialitäten. Viele
Bistros dieser Stadt wurden von
Köchen gegründet, die aus den
verschiedensten Gegenden Frankreichs kamen und ihre typischen
Gerichte mitbrachten. Damit
schufen sie ein vielfältiges und
interessantes Gegengewicht zur
klassischen französischen Küche.
So gibt es keine eigentliche
Pariser Küche, außer einigen
Spezialitäten, die sich im Lauf der
Jahre eingebürgert haben, wie
zum Beispiel der „bœuf à la
mode", ein Rinderschmorbraten,
oder die selten gewordenen
„pommes de terre soufflées", die
ich erstmals in Paris gegessen
habe. Ich versuchte, sie zu Hause
nachzukochen, was nicht ganz
einfach ist. Man erzählt, daß sie
anläßlich der Einweihung der
Bahnlinie Paris-Saint-Germain
durch Zufall entstanden seien.

Wie man sagt, gab der Koch die
Kartoffelscheiben voreilig in das
heiße Öl, nahm sie wieder heraus und tauchte sie, als Louis-
Philippe und die Königin Amélie
endlich ankamen, erneut hinein.
Zum Erstaunen aller entstanden
dabei aus den Scheiben schöne
aufgeblasene, kleine Kissen.
Typisch pariserisch sind aber
auch die sogenannten Concierge-
gerichte. Früher gab es praktisch
in jedem Pariser Mietshaus eine
Concierge, die im Erdgeschoß
wohnte und immer ein Auge darauf hatte, wer aus- und einging.
Deshalb mußten ihre Mahlzeiten
weitgehend unbeaufsichtigt
garen. Wir verdanken ihnen viele
feine Schmorgerichte, Suppen
und Gratins, deren herrliche
Düfte zur Essenszeit die Treppen-
häuser durchzogen. Da gab es
zum Beispiel den „miroton", das
Siedfleisch mit Butter und
Zwiebeln, oder auch das „hachis
Parmentier", Kartoffelpüree mit
Hackfleisch, als Gratin überbacken.

Einen großen Namen haben sich
auch die Pariser Bäcker mit der
Brioche und den Croissants
gemacht. Letztere, so sagt man,
kamen allerdings aus Budapest
nach Paris. Die Türken hätten
dort 1686 bei der Belagerung der

Jedes der alten Pariser
Viertel ist eine Welt für
sich. Man kennt sich und
trifft sich in den kleinen
Bars auf einen „petit
rouge" oder einen Café,
um Neuigkeiten auszu-
tauschen.

Hier findet man die ganze
Fülle dessen, was das
Land an guten Produkten
hervorbringt, auf den
vielen Märkten wieder.
Und eine gehörige Portion
Atmosphäre gibt's gratis
dazu.

Die Kellner der Brasserie Lipp auf dem Boulevard Saint-Germain spielen ihre Rolle so vollendet gekonnt wie Schauspieler. Die Küche ist schlicht, das Publikum aber zeitweise durchaus prominent.

Stadt unterirdische Gänge gegraben, um hineinzukommen. Die Bäcker, die nachts ihr Brot buken, hörten den Lärm und gaben Alarm. Aus Dankbarkeit wurde ihnen erlaubt ein Spezialgebäck herzustellen, das an die türkische Flagge erinnert. So die Überlieferung. Die Pariser Bäcker machten lange Zeit angeblich auch das beste Brot. Im 18. Jahrhundert wurde es zur „baguette" geformt. Seitdem gibt es diese feine, knusprige Weißbrotstange in ganz Frankreich.

Die Hauptstadt ist auch heute noch bekannt für ihre vorzüglichen Zuckerbäcker. Da gibt es zum Beispiel den „opéra". Ich kaufte diesen rechteckigen Kuchen bei Fauchon in Paris und begegnete ihm wieder bei Tee und Pâtisserie im Ritz. Er besteht aus mehreren Lagen Biskuit, gefüllt mit Kaffeebuttercreme und überzogen mit Schokoladenglasur. Wie bei der Wiener Sachertorte erheben auch bei dieser Spezialität mehrere Parteien den Anspruch, ihn nach dem einzig echten Rezept herzustellen. „Saint-Honoré" ist ein Kuchen, der von einem Konditor namens Chiboust kreiert worden sein soll, der in der Rue Saint-Honoré wohnte. Die Füllung trägt seither

seinen Namen. Saint Honoré ist übrigens auch der Schutzheilige der französischen Bäcker.

Eine andere bekannte Spezialität aus der Ile-de-France ist der grobkörnige Senf, zum Beispiel der „moutarde de Meaux". Heute hat Dijon, was den Senf betrifft, das größere Renommee, in Paris gab es im 13. Jahrhundert aber schon zehn „moutardiers". In Meaux waren es die Mönche, die ihn nach einem geheimen Rezept herstellten. Mitte des 18. Jahrhunderts soll es dann an J. B. Pommery verraten worden sein. Seine Nachkommen machten dann diesen Senf erst bekannt. Allerdings verflachte sich die Qualität mit der Zeit und erst 1949 griff man wieder auf das ursprüngliche Rezept zurück und stellte den Senf wieder so her, wie wir ihn heute kennen.

Der Ile-de-France verdanken wir auch sehr gutes Geflügel, aus Houdan und dem Gâtinais, sowie hervorragendes Lamm, Rind, den Jambon de Paris, ein milder gekochter Schinken, sowie Essig aus Lagny, „cidre", den Apfelwein aus Brie und den weltbekannten Grand Marnier. Dieser Orangenlikör ist eine Kreation einer kleinen Destillerie namens Lapostolle, die sich 1827 in Neauphle-le-

Château niedergelassen hatte. Als gegen Ende des Jahrhunderts Liköre in Mode kamen, experimentierte auch Louis Alexandre Marnier-Lapostolle mit verschiedenen Ingredienzien und so entstand aus Cognac, Bitterorangen und einigen anderen Zutaten der Grand Marnier, damals ein ausgesprochener Damenlikör.

Was man zu wenig weiß, ist, daß der Brie aus der Ile-de-France stammt. Man sagt, daß bereits Karl der Große sich daran erfreute. Jedenfalls gibt es in dieser Gegend viele Briesorten, die einen Ortsnamen tragen, so zum Beispiel der Brie de Melun, der Brie de Montereaux und der Brie de Nagis. Am bekanntesten ist

der Brie de Meaux, der heute auch in der Champagne hergestellt wird. Hervorragend sind auch der Coulommiers, den es ebenfalls in etlichen Variationen gibt, sowie der Explorateur und der Boursault, die mit viel Sahne hergestellt werden.

In-der-Ile de France gab es in früheren Zeiten einige Rebhänge, die zum Teil noch erhalten sind. Eine heute noch zu besichtigende Kuriosität ist der Weinberg auf dem Montmartre in Paris, der von einer speziellen Zunft gehegt und gepflegt wird.

Allein in Paris und Umgebung gibt es über 10 000 Restaurants, Brasserien und Bistros, möchte man den kulinarischen Führern durch die Hauptstadt Glauben schenken. Der Gast hat die Qual der Wahl. Oder, besser noch, er verläßt sich auf eine gute Empfehlung.

DAS MEKKA
DER SCHLEMMER

Starportrait eines echten Bresse-Gockels, Herr über eine Schar zweifellos glücklicher Hennen. Denn eine „poularde de Bresse" hat den größten Teil ihres Lebens freien Auslauf in schönster Umgebung, und das bei bestem Futter.

Franche-Comté, Burgund und Lyonnais

Früher, als es die Autobahn bis ins Burgund noch nicht gab, fuhr man gemütlich über den Jura und die Senfmetropole Dijon oder auf Umwegen durch die Bresse und das Bugey über Berg und Tal nach Lyon. Zur Tradition wurde für mich ein Halt im Hotel de Paris in Arbois, wo uns der liebenswürdige André Jeunet und seine Frau mit der typischen Küche der Franche-Comté verwöhnten. Wir wollten seinen „coq au vin jaune" und die delikaten Fischgerichte auf keinen Fall auslassen. Denn wie viele Köche der Gegend ließ er sich vom Fischreichtum des nahen Doubs und den anderen Flüssen inspirieren. Nun hat sein Sohn das Haus übernommen. Die beliebten Spezialitäten seines Vaters aber stehen heute noch auf der Karte. Als Proviant für die nächste Etappe kauften wir die pikante „saucisse de Morteau", eine Dauerwurst, die mit Wachholder- und Tannenholz geräuchert wird. Von der Bevölkerung wird sie liebevoll „Jésus" genannt – sie sei eben so gut wie er. Übrigens kann man in Arbois auch das Haus, in dem Louis Pasteur seine Jugend verbrachte und den

Weinberg, der seinen Experimenten diente, besichtigen.

Auch Käsegerichte werden in der Franche-Comté großgeschrieben. Kein Wunder, denn von dort kommt der Comté. Ganz hervorragend schmeckt auch der Vacherin Mont d'Or aus Rohmilch. Eine gewisse Bedeutung haben auch die Weine des Jura. Allen voran der Vin jaune, der jahrelang in sehr alten Eichenfässern gereift wird. Je älter die Fässer, desto besser die Qualität.

Von Arbois führen viele Wege nach Lyon. In der Bresse kann man die Höfe besichtigen, wo das weltbekannte Geflügel aufgezogen wird. Die Poularden werden als Küken zuerst mit Mais gefüttert und dürfen dann schon bald ihr Futter im Freien selber suchen, bevor sie zuletzt noch kurze Zeit gemästet werden, damit ihr Fleisch den vollen Geschmack bekommt.

Wählt man den Weg über das Bugey, kommt man in eine kulinarisch besonders üppige Gegend, wo weder mit Butter noch mit Sahne gespart wird. In Nantua, dessen Namen in der klassischen französischen Küche mit einer Krebssauce verewigt wurde, kann man die sagenhaften „quenelles de brochet", Hecht-

klößchen, „à la Nantua" genießen.
Die gleiche Sauce wird auch zu
Froschschenkeln, Krebsen und
Süßwasserfischen gereicht.
Eine weitere kulinarische Hoch-
burg der Region ist das Städtchen
Belley, wo der Autor der „Physio-
logie des Geschmacks", der berühmte Anthelme Brillat-Savarin,
geboren wurde. Er hat auch dort
unzählige Rezepte hinterlassen,
auf die man heute noch stolz ist.
Zum Teil sind sie sehr aufwendig
und haben eigenartige Titel wie
„Kopfkissen der schönen Aurora"
oder „Hut des M. Gabriel Cortois
de Quinsay".
Nach Ansicht der Lyoner ist ihre
Küche die beste Frankreichs. Dar-

über kann man geteilter Meinung
sein. Eines ist aber sicher. Sie hat
große Köche und Köchinnen,
sogenannte „mères", hervorge-
bracht. Für mich liegt der Vorzug
dieser Küche darin, daß die Einheimischen von Dijon über Lyon
bis ins Beaujolais ihre regionalen
Spezialitäten pflegen und lieben,
und sogar in den Städten die
beliebtesten Restaurants aussehen
wie anno dazumal, das heißt
gemütlich und unkompliziert.
Ein gutes Beispiel dafür ist der
weltbekannte Paul Bocuse. Er ist
ein typisches Kind seiner Gegend
geblieben und ließ sich von
neuen kulinarischen Wellen nie
wirklich beeindrucken, was viele

*Begehrt bei Fein-
schmeckern in aller Welt
ist das Fleisch der
Charolais-Rinder. So
werden die creme-weißen
Prachtexemplare auch an
diesem Tag einen guten
Preis erzielen.*

*Nächste Doppelseite:
Die von Rebstöcken durch-
zogenen, idyllischen Landschaften des Burgunds
könnten heute auch ganz
anders aussehen, denn
auch diese Weinregion
wurde im letzten Jahr-
hundert von der Reblaus
schwer heimgesucht.*

nicht wissen oder wahrhaben wollen. Am liebsten ißt er die deftigen „mâchons" und rustikalen Gerichte des Burgunds und trinkt dazu einen frischen Beaujolais. Ein „coq au vin" oder eine Blutwurst behagen ihm mehr als Kaviar oder andere raffinierte Delikatessen. Kein Wunder, denn die Gegend bietet hervorragende Produkte. Von den besten Wurstwaren, dem hervorragenden Rindfleisch aus dem Charolais sowie den Flußfischen und Schnecken bis hin zu hochwertigen Gemüsen und Früchten.

Nicht minder erwähnenswert sind die Käse der Umgebung. Am bekanntesten sind wohl der rassige Epoisses, der Bleu de Bresse und die kleinen Ziegenkäse. Man erkennt sie am kleinen Hölzchen, das zum Anfassen dient.

Auch was die Weine betrifft, liegt Lyon dem Beaujolais und dem Burgund sehr nahe. So pflegte Léon Daudet zu sagen, Lyon sei von drei Flüssen umspült, der Rhône, der Saône und dem Beaujolais. Es würde hier zu weit führen, alle Weine der Gegend aufzuführen. Dafür gibt es genügend Fachliteratur. Erwähnen möchte ich nur, daß es im Beaujolais folgende Appellationen gibt:

Beaujolais-Villages, Juliénas, Chiroubles, Morgon, St. Amour, Chènas, Moulin-à-Vent, Fleurie, Brouilly und Regnié. Bei den Burgunderweinen möchte ich mich auf die Nennung der Anbaugebiete beschränken: Chablis, Côte de Nuits, Côte d'Or, Côte de Beaune und die angrenzende Côte Chalonnaise. Am Ende dieser Reise durch die Provinzen möchte ich Ihnen mit einer kleinen Begebenheit zeigen, daß auch in Frankreich traditionelle Regeln keine unumstößlichen Gesetze sind und letztlich immer der persönliche Geschmack entscheidet. Anläßlich meines ersten Besuchs bei Bocuse vor vielen Jahren, machte er mit mir und Monsieur Tête, einem Weinspezialisten aus Beaujeu, ein Experiment. Er servierte zum „loup en croûte", seinem legendären Wolfsbarsch in Blätterteig, einen sehr jungen Beaujolais. Als ich die Flasche etwas skeptisch betrachtete, weil ich damals noch der Meinung war, daß man zu Fisch Weißwein trinken müsse, verband er mir die Augen und gab mir abwechselnd Weißwein aus Mâcon und den eben erwähnten Rotwein. Und ich mußte einsehen, daß beide ausgezeichnet zum „loup de mer" paßten.

VORSPEISEN, SUPPEN UND BEILAGEN

SCHINKENSÜLZE

Für 6 Personen

1 Stück roher Bauern-
schinken von etwa 1,2 kg
700 ml Weißwein (Mâcon
oder Pouilly-Fuissé)
1 Zwiebel, gespickt mit
1 Lorbeerblatt und
1 Gewürznelke
2 Kalbsfüße
500 g Kalbsknochen
5 Pfefferkörner
3 Korianderkapseln
Salz, Pfeffer
etwas frisch gehackte
Kräuter (Thymian, Kerbel,
Estragon)
1 feingehacktes Salbeiblatt
100 g kleingeschnittener
Lauch
1/2 gewürfelte Sellerieknolle
2 gewürfelte Karotten
1 Eiweiß
150 g feingehackte
Schalotten
1 feingehackte Knoblauch-
zehe
5 EL gehackte Petersilie
2 EL Butter

Tip:
Das Gericht ist im Kühl-
schrank fünf bis sechs
Tage haltbar.

Weinempfehlung:
Weißer Burgunder, z.B.
Pouilly-Fuissé oder Mâcon

Jambon persillé
Den Schinken 12 Stunden wässern, dann mit viel Wasser aufkochen und abgießen. 1 1/2 Liter
frisches Wasser mit dem Weißwein, der Zwiebel, den Kalbs-
füßen, den Kalbsknochen und
allen Gewürzen und Kräutern
1/2 Stunde kochen. Den Schinken
beifügen. Auf kleinem Feuer
etwa 1 1/4 Stunden ziehen lassen.
Den Schinken herausnehmen,
den Sud stark aufkochen lassen.
Den Lauch, den Sellerie, die
Karotten und das Eiweiß zum
Klären beifügen. Nach zwei- bis
dreimaligem Aufwallen das Feuer
kleinstellen. Das Gemüse und
den Schaum sorgfältig abschöpfen.
Den Schinken wieder zugeben
und nochmals 30 Minuten ganz
leise ziehen lassen. Den Schinken im Sud erkalten lassen. Die
Schalotten, den Knoblauch und die
Petersilie 3 Minuten in der Butter
anziehen lassen und beiseite stellen. Vom Schinken die Schwarte
abziehen. 800 g Schinken ohne
Fett in 1 cm große Würfelchen
schneiden. Das Fleisch der Kalbsfüße kleinschneiden und daruntermischen. Lagenweise mit der
Schalottenmischung in eine Terrine oder tiefe Schüssel einfüllen.
Ein Küchentuch naß machen,
auswringen und in ein Salatsieb

legen. Den Sud durchpassieren.
Die Terrine damit langsam auffüllen. Zugedeckt im Kühlschrank
4 bis 6 Stunden erstarren lassen.
In der Terrine servieren oder
stürzen. Dazu paßt Baguette mit
Butter.

*I*n der Region zwischen dem
Nivernais, dem Burgund und
dem Morvan gibt es ausgezeich-
neten Schinken. So fehlt diese
beliebte Vorspeise in keinem
Bistro von Lyon und man
begegnet ihr auch in fast allen
Restaurants des Burgunds. Von
den Einheimischen wird der
Jambon persillé gerne als Vesper,
in Lyon „mâchon“ genannt,
zusammen mit knusprigem Land-
brot und einem Glas Weiß- oder
Rotwein serviert.
Will man den Aufwand für die
Zubereitung etwas geringer
halten, kann man auch bereits
gekochten Schinken würfeln, mit
der Mischung aus Schalotten,
Knoblauch und Petersilie in eine
Terrine füllen, Fertigsülze nach
Anweisung zubereiten, dabei die
Hälfte der angegebenen Wasser-
menge durch Weißwein oder
Portwein ersetzen, und über den
Schinken gießen.

KARTOFFELSALAT NACH ART DER CHAMPAGNE

400 g mittelgroße
Kartoffeln
Salz
250 g Löwenzahn, Frisée
oder Schnittsalat
Pfeffer
150 g Magerspeck
50 g Schweineschmalz
3 EL Weinessig
2 EL Marc de Champagne

Tip:
*In der Champagne wird
für dieses Gericht ein
irdener Topf verwendet,
der früher in der heißen
Asche einer Feuerstelle er-
wärmt wurde. Bei uns kann
man die Salatschüssel mit
heißem Wasser vorwärmen.*

Weinempfehlung:
*Stiller, trockener Wein,
z.B. Bouzy, oder einen
Rosé-Champagner*

Salade champenoise au lard
Die Kartoffeln in der Schale in
leicht gesalzenem Wasser kochen.
Den Löwenzahn oder anderen
Blattsalat putzen, waschen und
sehr gut schleudern. Er sollte
praktisch trocken sein. Eine, wenn
möglich, irdene Schüssel vorwärmen. Die Kartoffeln noch warm
schälen, in feine Scheiben schneiden und in die vorgewärmte
Schüssel geben. Den Salat dazugeben. Wenig Salz und viel
Pfeffer darüberstreuen. Mit einem
passenden Teller oder Deckel
zudecken und etwa 20 Minuten
an einen warmen Ort oder in den
auf 60 °C aufgeheizten Backofen
stellen. Inzwischen den Speck
von der Schwarte befreien und in
dünne, längliche Streifen schneiden. Etwas Wasser zum Kochen
bringen, die Speckstreifen hineingeben, nochmals aufkochen lassen
und abgießen. Die Speckstreifen
im Schweineschmalz anziehen
lassen. Sie dürfen leicht Farbe annehmen, sollen aber nicht trocken
werden. Den Speck samt dem
Schmalz auf den Salat geben. Den
Bratenfond des Specks mit dem
Essig ablösen, aufkochen und
den Marc zufügen, dann über den
Salat gießen und das Ganze etwa
5 Minuten sehr gut vermengen.
Sofort servieren.

*Dieses Winzergericht wird in
der Champagne als Haupt-
gericht serviert. Bei uns eventuell
als Vorspeise in kleinerer Menge
ohne jede Beilage, nicht einmal
mit Brot, was für Einheimische
einen Stilbruch darstellen würde.
Champagner wird man in den
echten regionalen Spezialitäten
der Champagne vergeblich
suchen. Die Küche dieser
Gegend ist sehr rustikal, man
verwendet bestenfalls etwas
Marc. Der Champagner wird hingegen dazu getrunken. Er steht
meistens im Gegensatz zu den
typischen Gerichten, schmeckt
aber köstlich dazu. Natürlich gibt
es auch Ausnahmen, vor allem in
den guten Restaurants. Dort
werden Saucen zu Fisch, zum
Beispiel Hecht, Barsch oder eine
„matelote", ebenfalls ein Fisch-
gericht, mit Champagner zubereitet. Dann hat natürlich auch die
Champagne ihren „coq au vin",
der sowohl mit Rotwein aus der
Gegend wie auch mit Champagner zubereitet wird.*

Salat mit Roquefort
Gekochte Artischocken

SALAT MIT ROQUEFORT

1 Kopf Blattsalat der
Saison
3 Scheiben Weißbrot
(à etwa 80 g)
1 EL Butter
1 Knoblauchzehe
2 EL kaltgepreßtes
Olivenöl
2 TL Zitronensaft
1 TL scharfer Senf, zum
Beispiel Dijon-Senf
120 ml süße Sahne
40 g Roquefort
2 Sardellenfilets
Salz
Pfeffer
1 TL gehackte Petersilie
100 g Walnußkerne

GEKOCHTE
ARTISCHOCKEN

4 große Artischocken,
möglichst bretonische
½ Zitrone
Salz
Für die Vinaigrette:
1 EL Schalotten- oder
Rotweinessig
Salz, Pfeffer aus der Mühle
1 EL scharfer Senf, zum
Beispiel Dijon-Senf
4 EL kaltgepreßtes
Olivenöl
1 EL gehackter Kerbel

Weinempfehlung:
Weißer Graves

SALAT MIT ROQUEFORT

Salade au Roquefort

Die Salatblätter waschen, abtropfen lassen und gut schleudern, damit kein Wasser zurückbleibt. Das Weißbrot in kleine Würfel schneiden. In der Butter rundum hellbraun rösten. Mit dem durchgepreßten Knoblauch beträufeln. Das Olivenöl, den Zitronensaft, den Senf und die Sahne gut verrühren. Den Roquefort mit einer Gabel zerdrücken, die Sardellenfilets fein hacken. Mit der Sauce vermengen und nach Bedarf mit Salz und viel Pfeffer nachwürzen. Die Salatblätter in eine Schüssel geben. Die Sauce darübergießen. Sehr gut mischen. Mit der Petersilie, den grobgehackten Walnußkernen und den vorbereiteten Knoblauchcroûtons bestreuen. Sofort servieren.

*M*an sagt, daß der Roquefort durch Zufall entstanden sei. Ein junger Hirt, so die Legende, habe an einem Frühjahrsmorgen ein schönes Mädchen vorbeigehen sehen. Er sei ihr entzückt gefolgt und habe sein hartes Brot in seiner Schafsmilch stehenlassen. Daraus sei, mit Hilfe des Windes, der blau geäderte Roquefort entstanden.

GEKOCHTE ARTISCHOCKEN

Artichauts à la vinaigrette

Das obere Drittel der Artischocken mit einem scharfen Messer abschneiden. Die Stiele abbrechen. Die Schnittfläche sofort mit der Zitronenhälfte abreiben. Die Artischocken in einen hohen Topf geben, mit leicht gesalzenem Wasser bedecken und 25 bis 35 Minuten kochen. Sie sind gar, wenn die Blätter mühelos herausgezogen werden können. Im Sud erkalten lassen.
Für die Vinaigrette: Den Essig mit etwas Salz und Pfeffer verrühren. Den Senf, das Olivenöl und den Kerbel beigeben und bei Küchentemperatur stehen lassen. Die Artischocken abgießen, gut abtropfen lassen und lauwarm servieren. Die Vinaigrette dazureichen. Fingerschalen nicht vergessen.
Die Blätter herauszupfen, in die Vinaigrette tunken und das Fleisch zwischen den Zähnen herausstreifen. Zum Schluß das sogenannte Heu herauszupfen, den Artischockenboden kleinschneiden und mit Vinaigrette begießen.

Bauernterrine

Für 6 Personen

3 EL gehacktes Basilikum
1 EL Olivenöl
2 EL Marc oder Cognac
250 g mageres Hackfleisch
vom Schwein
250 g Hackfleisch vom
Kalb oder Geflügel
Salz
schwarzer Pfeffer aus der
Mühle
1/4 TL gemahlener
Koriander
1 Messerspitze gemahle-
ner Piment (Nelkenpfeffer)
1 große, feingehackte
Zwiebel
1 EL Butter
100 g Kalbs- oder
Geflügelleber
100 g in sehr dünne
Scheiben geschnittener
Magerspeck
2 Lorbeerblätter

Weinempfehlung:
*Roter Landwein aus dem
Burgund oder Beaujolais*

Terrine de porc
Etwa 1 Eßlöffel Basilikum mit
dem Olivenöl und dem Marc
oder dem Cognac mischen. Gut
mit dem gehackten Fleisch vermengen. Etwa 2 Stunden im
Kühlschrank ziehen lassen. Die
Fleischmasse mit Salz, Pfeffer,
dem Koriander und dem Piment
würzen. Die Zwiebel in der
Butter 5 Minuten dünsten. Unter
das Fleisch mischen. Die Leber in
kleine Stücke schneiden. Die
Terrine mit den Speckscheiben
auslegen. Die Hälfte des Hack-
fleisches hineingeben. Die Leber
darauf verteilen. Mit dem restlichen Basilikum bestreuen. Das
restliche Fleisch einfüllen. Die
Lorbeerblätter darauflegen. Mit
dem Speck abdecken. Den
Deckel aufsetzen. Die Terrine in
Aluminiumfolie locker einpacken,
aber gut verschließen. Oben in
der Mitte ein kleines Loch
anbringen. In eine halbhoch mit
heißem Wasser gefüllte Auflaufform stellen. Im Ofen bei 160 °C
etwa 1 3/4 Stunden garen. Wasser
nicht kochen, sondern nur leise
ziehen lassen.
Im Wasserbad auskühlen lassen.
Den Deckel abnehmen. Mit einem
kleinen Brettchen beschweren,
damit sie sich nicht wölbt. Das
überschüssige Fett entfernen.

*Die Terrinen verdanken ihren
Namen dem Gefäß, in dem
sie zubereitet werden, das heißt
einer Keramik- oder Porzellan-
form mit gutsitzendem Deckel,
der mit einem Dampfloch versehen ist. Für dieses Buch habe
ich eine Terrine aus Schweinefleisch ausgesucht, wie ich sie im
Burgund schon oft gegessen
habe. Allerdings habe ich den
grünen, sehr fetten Speck durch
Magerspeck ersetzt, was dem Geschmack keinen Abbruch tut und
unseren heutigen Vorstellungen
besser entspricht. Am besten
gelingt die Terrine, wenn man sie
wie früher mit Brotteig verklebt,
bevor sie im Wasserbad gegart
wird. Ein einfaches Teiglein aus
Mehl und Wasser erfüllt den
Zweck auch. Auf jeden Fall sollte
man sie im Gefäß auf den Tisch
bringen und nicht einfach in
Scheiben servieren, wie man es
heute sehr oft macht. Dazu
gehört nicht etwa Toast, sondern
ein gutes, knuspriges Brot und,
nach Belieben, Cornichons und
Perlzwiebeln.*

ZWIEBELKUCHEN NACH ART VON NIZZA

Für 6 Personen

Für den Teig:
25 g Hefe
1 TL Zucker
250 g Mehl
Salz
2–3 EL Olivenöl

Für den Belag:
1 kg in Streifen
geschnittene Zwiebeln
3 EL Olivenöl
1 TL Essig
1 Lorbeerblatt
1 Gewürznelke
Salz
½ TL körnig gemahlener,
schwarzer Pfeffer
Olivenöl für das Blech
2 Eier
120 ml süße Sahne
4 gehackte Sardellenfilets
170 g geschälte, gewürfelte
Tomaten
8 Sardellenfilets
50 g schwarze Oliven
1 EL in Flocken
geschnittene Butter

Tip:
Die Pissaladiera kann auch
ohne Eier und Sahne zu-
bereitet werden, was am
ehesten dem klassischen
Rezept aus Nizza nahe-
kommt.

Weinempfehlung:
Tibouren oder anderer
Rosé de Provence

Pissaladiera à la tomate
Für den Teig: Die Hefe mit dem
Zucker und 3 Eßlöffel Wasser verrühren. Etwa 15 Minuten ruhen
lassen. Das Mehl, Salz, etwa
⅛ Liter Wasser, die aufgelöste
Hefe und das Öl rasch zu einem
glatten Teig kneten. Zu einer
Kugel formen und bei Küchentemperatur 20 Minuten gehen
lassen.
Für den Belag: Die Zwiebeln in
3 Eßlöffel Olivenöl 5 Minuten
dünsten. Den Essig, das Lorbeerblatt und die Gewürznelke beifügen. Zudecken und 15 Minuten
schmoren lassen. Nach und nach
2 bis 3 Eßlöffel Wasser beigeben.
Den Deckel abnehmen und
10 Minuten weiterdünsten, bis
alle Flüssigkeit verdampft ist. Mit
Salz und dem Pfeffer würzen.
Ein rechteckiges Backblech mit Öl
bestreichen, mit dem Teig belegen, dabei einen Rand von 3 cm
hochziehen. Den Teigboden mit
einer Gabel mehrmals einstechen.
Die Eier und die Sahne gut verquirlen. Das Lorbeerblatt und die
Nelke aus der kalten Zwiebelfüllung entfernen und diese mit
den gehackten Sardellen mischen
und in die Eiermischung rühren.
Auf den Kuchenboden verteilen.
Die Tomatenwürfel mit Salz und
Pfeffer würzen und in Form von

kleinen Häufchen auf die
Zwiebeln verteilen. Die Sardellenfilets und die Oliven dekorativ
auf der Füllung anordnen. Die
Butterflocken darauf verteilen
und im vorgeheizten Backofen
etwa 50 Minuten bei 220 °C
backen.

Die Pissaladiera ist eine typi-
sche Spezialität aus der
Küche von Nizza. Das Comté de
Nice war lange Zeit unabhängig
von Frankreich. Deshalb wollen
die Bewohner von Nizza nicht,
daß man ihre Gerichte mit denen
aus der Provence verwechselt.
Die Pissaladiera verdankt ihren
Namen dem „pissalat“, einer
Fischwürze, die an das Garum
der alten Römer erinnert. Winzig
kleine Sardellen und Sardinen
wurden mit Salz und Kräutern
einen Monat lang eingelegt und
jeden Tag umgerührt. Mit dieser
Lake sollte der Teigboden vor
dem Belegen eingestrichen wer-
den, das würde dem Fladen den
unverwechselbaren Geschmack
geben. Heute behilft man sich
mit Sardellenfilets, die als Garni-
tur verwendet werden.

TERRINE NACH ART VON UZÈS

30 kleine, zarte Lauch-
stengel
Salz
6 Artischocken, möglichst
die kleinen violetten aus
der Provence
Saft von 1 Zitrone
Salz
1 Bund Schnittlauch
4 EL gehackte flachblättrige
Petersilie
1½ EL gehackter Kerbel
Pfeffer
6–7 Blatt Gelatine
1,2 Liter konzentrierte,
fettfreie Fleischbrühe

Weinempfehlung:
*Weißer Côtes du Rhône,
z.B. Viognier oder
Châteauneuf-du-Pape*

*Terrine de poireaux aux
artichauts violets*
Die Lauchstengel putzen und in
kochendem Salzwasser knapp
garen. Dann sofort in eiskaltem
Wasser abkühlen, damit die
grüne Farbe erhalten bleibt. Den
Lauch abgießen und auf ein mit
einem Tuch belegtes Tablett
geben. Bis zur Weiterverarbei-
tung in den Kühlschrank stellen.
Die Artischocken von den harten
Blättern befreien, dann längs in
dünne Scheiben schneiden.
Sofort mit dem Zitronensaft
bestreichen, dann ebenfalls in
Salzwasser kochen, bis sie knapp
weich sind. Bei Verwendung von
großen Artischocken nur die
Böden garen und in Scheiben
schneiden. Den Schnittlauch kleinschneiden und mit der Petersilie
und dem Kerbel mischen. Mit
Salz und Pfeffer würzen. Die
Gelatine in kaltes Wasser legen.
Die Fleischbrühe auf die Hälfte
einkochen. Die Gelatine ausdrücken und in der heißen Brühe
auflösen. Die Kräuter zufügen.
Die Hälfte der Brühe in eine
rechteckige Terrine oder Kuchenform gießen. Lagenweise Lauch-
und Artischocken einfüllen. Die
restliche Brühe darüber verteilen.
Den Inhalt der Form mit einer
Klarsichtfolie belegen und

beschweren. Im Kühlschrank
aufbewahren. Am nächsten Tag
mit kaltgepreßtem Olivenöl oder
eventuell mit Trüffeljus parfümiert
servieren.

*Diese leichte und delikate
Vorspeise aus dem Langue-
doc ist ein Beispiel für neukreierte
regionale Spezialitäten. Die
kleinen, zarten Lauchstengel
wachsen im südlichen Rhônetal
und in den Weinbergen der
Cevennen. Ich habe dieses Gericht an einem heißen Sommer-
tag im Château de Montcaud in
Bagnols-sur-Cèze genossen. Dazu
empfehle ich einen ganz speziellen Weißwein aus der Viognier-
Rebe. Diese Rebsorte wurde bis-
her in winzigen Mengen für den
Condrieu und den Château-
Grillet im nördlichen Rhônetal
angebaut. Nun hat ein deutscher
Hobbywinzer diese Marktlücke
entdeckt. Auf seinem Gut in
Bagnols-sur-Cèze baut er sie an
und keltert daraus einen köstlichen Wein, der an Pfirsiche und
Aprikosen erinnert und ganz
wunderbar zu Gemüse- und
Fischgerichten paßt. Allerdings
darf man dann zur beschriebenen
Terrine nicht etwa eine Vinaigrette
servieren. Das wäre sehr schade!*

SPARGEL WIE IM LOIRET
LAUCH-KARTOFFELSUPPE

SPARGEL WIE IM LOIRET

2 kg weißer Spargel
2 EL Zitronensaft
Salz
1 TL Butter
1 TL Zucker
200 ml Crème double
1 EL feingehackte
Petersilie
1 TL feingehackter Kerbel
½ TL feingehackter
Estragon
1 Prise weißer Pfeffer

Tip:
Besonders attraktiv ist das Spargelessen, wenn zwei Saucen zur Auswahl serviert werden. Zum Beispiel noch die klassische Sauce hollandaise.

Weinempfehlung:
Sancerre

LAUCH-KARTOFFEL-SUPPE

Für 6 Personen
250 g junger, zarter Lauch
1 EL Butterschmalz
250 g Kartoffeln
¾ Liter Wasser oder
Hühnerbrühe
¼ Liter Milch oder süße
Sahne
Salz
Pfeffer
40 g frische Butter

SPARGEL WIE IM LOIRET

Asperges comme au Loiret
Den Spargel großzügig schälen, und zwar von der Spitze nach unten. Um 4 bis 5 cm kürzen. Sofort in Wasser einlegen und den Zitronensaft beifügen. Etwa 2 Liter Wasser mit Salz, der Butter und dem Zucker aufkochen. Den Spargel auf einen Siebeinsatz legen oder je 10 bis 12 Spargeln zusammenbinden und in das kochende Wasser geben. Je nach Qualität des Spargels 18 bis 25 Minuten auf kleinem Feuer kochen. Die Spargeln sollen beim Einstechen weich sein, dürfen aber die Köpfchen nicht verlieren! Die Crème double gut aufrühren. Die Petersilie, den Kerbel und den Estragon darunterziehen und mit Pfeffer würzen. Den Spargel gut abtropfen lassen und auf einer Serviette oder einer mit Löcher versehenen Spezialplatte servieren. Die Spargeln sollen warm sein, man sollte sie aber in die Hand nehmen können. Die Sauce separat dazu servieren und eine Fingerschale zu jedem Gedeck stellen.

LAUCH-KARTOFFELSUPPE

Potage de poireaux et de pommes de terre
Den Lauch putzen, waschen, in feine Scheiben schneiden und im Butterschmalz anziehen lassen. Die Kartoffeln schälen, kleinschneiden und zugeben. Das Wasser oder die Brühe zum Gemüse geben und etwa 30 bis 40 Minuten kochen, bis der Lauch und die Kartoffeln gar sind. Die Gemüse durch ein Sieb streichen und wieder in den Topf geben. Die Milch oder Sahne aufkochen, damit sie in der Suppe nicht gerinnt und unter das Gemüse rühren. Mit Salz und Pfeffer abschmecken. Die frische Butter unterrühren.

Diese rustikale Suppe aus der Ile-de-France wird heute oft in der verfeinerten Form mit Sahne zubereitet kalt serviert und „vichyssoise" genannt. Wahrscheinlich verdanken wir die Veredlung der bäuerlichen Suppe einem Küchenchef aus Vichy, der diese Spezialität den Kurgästen seines Badeortes servierte. Jedenfalls kam die „vichyssoise" auch in den Pariser Bistros auf, wo man ihr Milch und Sahne beigibt.

ÜBERBACKENE ZWIEBELSUPPE

Für 4–6 Personen, je nach Größe der Tassen

500 g Zwiebeln
1 EL Butter
1 Liter Fleischbrühe
4–6 dünne Weißbrotschei-
ben, am besten Baguette
2 EL Butterschmalz
200 ml Weißwein
Salz
Pfeffer aus der Mühle
Muskatnuß
100 g geriebener Käse,
z.B. Comté oder Gruyère

Weinempfehlung:
Beaujolais

Gratinée des halles
Die Zwiebeln schälen, in feine Streifen schneiden und in der Butter anziehen lassen. 2 Eßlöffel Fleischbrühe zufügen, zudecken und etwa 30 Minuten dünsten. Die Zwiebeln dürfen hellgelb, aber nicht dunkel werden, sonst schmecken sie bitter. Ab und zu wenden.
Die Brotscheiben beidseitig im Butterschmalz hellbraun rösten. Den Weißwein über die Zwiebeln gießen, etwas verdampfen lassen, dann die restliche Brühe zugießen und aufkochen lassen. Mit Salz, Pfeffer und Muskatnuß abschmecken.
Die Suppe in vorgewärmte Suppentassen einfüllen, je eine Brotscheibe darauflegen, mit Käse bestreuen und bei Oberhitze im vorgeheizten Ofen oder unter der Grillschlange kurz überbacken, bis der Käse schmilzt. Sollten nicht alle Tassen auf einmal im Ofen Platz haben, die Brotscheiben mit dem Käse immer erst kurz vor dem Überbacken auf die Suppe legen, damit sie obenauf schwimmen und nicht in der Suppe versinken. Vorsicht beim Servieren – die Suppentassen sind feurig heiß!

Die „gratinée" ist ein altes Rezept aus der Ile-de-France. Sie wurde von den Gemüsebauern der Umgebung nach Paris gebracht, wo sie ihre Produkte in den legendären „halles" feilboten. Bald bürgerte sie sich in den rundum liegenden kleinen Bistros ein, wo sie frühmorgens von ausgehfreudigen Parisern und ausgelassenen Touristen inmitten von Gemüse- und Fischhändlern, Metzgern und Lastwagenfahrern mit Heißhunger verzehrt wurde. Da war die Gratinée gerade das richtige Magenpflaster. Allerdings geriet sie dort etwas üppiger, weil sie mit Mehl gebunden wurde, das ich heute weglasse. In den Bistros der „halles" gab manch einer auch noch einen Schluck Cognac aus der Wamsflasche hinein oder verlangte sie mit zwei aufgeschlagenen Eiern. Die Lyoner behaupten allerdings, diese Suppe stamme ursprünglich aus ihrer Stadt. Früher fügte man dieser Suppe kleine Kartoffelwürfel bei und verwendete nur Wasser anstelle von Wein und Fleischbrühe. Heute ist die Gratinée des halles in ganz Paris und vielerorts in Frankreich zu einem traditionellen Bistrogericht geworden.

LINSENSUPPE

250 g Linsen
2 Karotten
1 große Zwiebel
2 EL Butter
1 Schinkenknochen ohne Fett
1 Zweig Selleriekraut
1 Lorbeerblatt
1 TL gehacktes Bohnenkraut
2 Knoblauchzehen
500 ml Fleischbrühe
250 ml Weißwein
Salz
Pfeffer
100 g gewürfelter roher Schinken
2 Scheiben kleingewürfeltes Weißbrot
180 ml süße Sahne
1 EL gehackte Petersilie

Varianten:
Oft serviert man zu dieser Suppe geriebenen Käse, zum Beispiel Comté oder Gruyère. In diesem Fall Brotwürfelchen weglassen. Oft wird auch gepökelter Schweinskopf mitgekocht.

Weinempfehlung:
Beaujolais-Villages

Soupe aux lentilles
Die Linsen am Vorabend in etwa 1 Liter abgekochtem Wasser oder Mineralwasser einlegen.
Die Karotten schälen und in Rädchen schneiden. Die Zwiebel schälen, hacken und in 1 Eßlöffel Butter anziehen lassen. Die Karotten kurz mitdünsten. Die Linsen mit dem Einlegewasser, dem Schinkenknochen, dem Selleriekraut, dem Lorbeerblatt, dem Bohnenkraut, dem durchgepreßten Knoblauch, der kalten Brühe und dem Wein zugeben. Langsam aufkochen. Mehrmals abschäumen. Halb zugedeckt bei kleiner Hitze etwa 15 Minuten ziehen lassen. Sollten sich Fettaugen bilden, die Suppe mit Küchenpapier etwas entfetten. Zwei Schaumlöffel Linsen abschöpfen und beiseite stellen. Den Schinkenknochen, das Lorbeerblatt und den Selleriezweig entfernen. Die Suppe durchpassieren, wieder aufsetzen und mit Salz und Pfeffer abschmecken. Den Schinken zufügen. Etwa 5 bis 10 Minuten ziehen lassen. Das Brot in der restlichen Butter knusprig rösten. Die Sahne und die ganzen Linsen zur Suppe geben und nochmals erhitzen, aber nicht kochen. Anrichten und mit den Brotwürfelchen und der Petersilie bestreuen.

In den regionalen Küchen Nordfrankreichs haben Hülsenfrüchte einen hohen Stellenwert, so auch die Linsen. Man begegnet ihnen in vielen Formen. Diese Suppe, die auch eine ganze Mahlzeit ersetzen kann, stammt aus der Auvergne. Dort sind die Linsen von Le Puy von besonderer Qualität. Im Beaujolais und Burgund ißt man sie gerne als Salat, in der Vendée zu Püree verarbeitet. Übrigens kommen sie heute auch in Spitzenrestaurants wieder zu Ehren, unter anderem als Gemüse, serviert zu geräuchertem oder gepökeltem Entenfleisch, welches das Schweinefleisch vorteilhaft ersetzt. So habe ich es kürzlich in den Landes gegessen.

KARTOFFELGRATIN NACH ART DER DAUPHINÉ

750 g mehlig kochende
Kartoffeln
1 Knoblauchzehe
50 g Butter
etwa 300 ml Milch (so
viel, daß die Kartoffeln
davon bedeckt sind)
Salz
Pfeffer
Muskatnuß
300–350 ml süße Sahne

Tip:
*Die Kartoffeln sollen ihre
Stärke abgeben, um die
Sauce des Gratins zu bin-
den. Deshalb die Kartoffelscheiben nicht im Wasser
liegen lassen. Aus dem
gleichen Grund werden
sie langsam, bei relativ
niedriger Temperatur
gegart. Auch darf das
Gratin nicht höher sein als
3 bis 4 cm.*

Gratin dauphinois
Die Kartoffeln schälen und unter
fließendem Wasser rasch waschen,
nicht ins Wasser legen! Die
Kartoffeln in sehr dünne Scheiben
schneiden. Eine flache Gratinform
mit der angeschnittenen Knoblauchzehe ausreiben und mit
einem Teil der Butter großzügig
ausbuttern. Die Kartoffeln hineingeben und mit der Milch bedecken. Mit Salz, Pfeffer und
Muskatnuß bestreuen. Auf dem
Herd oder im Ofen zum Kochen
bringen.
Die Hälfte der Sahne zufügen, gut
durchrühren und die Kartoffeln
mit der restlichen, in Flocken
geschnittenen Butter bestreuen.
Das Gratin 1½ bis 2 Stunden im
vorgeheizten Backofen bei 150 °C
backen. Während dieser Zeit nach
und nach die restliche Sahne
zufügen und das Gratin von Zeit
zu Zeit leicht aufrühren, damit
sich keine harte Kruste bildet.
Die Oberfläche des Gerichtes darf
aber braune Flecken bekommen.
Am besten deckt man das Gratin
anfangs mit einer Aluminiumfolie
ab, damit es nicht austrocknet.
Die Sahne soll zu einer sämigen
Creme eindicken. 10 Minuten
vor Ende der Backzeit aufdecken
und auf 200 °C erhöhen, damit
das Gratin etwas Farbe annimmt.

Paßt zu gebratenem oder gegrill-
tem Fleisch, keinesfalls aber zu
Saucengerichten, wie man es oft
sieht. Gegen Fleisch mit einem
klaren Bratensaft ist nichts einzu-
wenden.

*Nicht jedes beliebige Kar-
toffelgratin ist ein Gratin
dauphinois. Wer diese Spezialität
in der Dauphiné so oft gegessen
hat wie ich, staunt ab und zu,
was bei uns und auch anderswo
in Frankreich manchmal unter
dieser Bezeichnung angeboten
wird! Dieses echte Familien-
rezept verdanke ich Michel
Rostang, bei dem ich dieses
Gratin mehrmals gegessen habe,
als er noch im Elternhaus in
Sassenage kochte. Heute führt er
ein bekanntes Restaurant in
Paris. Eine gute Köchin aus der
Dauphiné verriet mir dazu noch
ihr Geheimnis: Sie reibt die Form
nicht nur mit Knoblauch aus,
sondern zusätzlich noch mit
einem angeschnittenen „navet",
einer kleinen weißen Rübe. Das
gibt dem Gratin einen einmaligen
Geschmack.*

GRÜNE ERBSEN NACH FRANZÖSISCHER ART

249. - PARIS. - Un matin aux Halles !

*D*ie Ile-de-France war früher der Gemüsegarten Frankreichs. Von dort brachten die Bauern ihre Produkte nach Paris in die „halles", um sie im Morgengrauen zu verkaufen. Langsam wurden aber die Kulturen zugunsten der Hauptstadt und der Industrie dezimiert. Aber gewisse Ortsnamen bestehen auf Speisekarten weiter. So steht, um nur einige zu nennen, Argenteuil weiterhin für Spargel und seine Zubereitungen, Clamart für feine grüne Erbsen und auch die Kirschen von Montmorency leben in der Küchensprache weiter. Es ist also nicht verwunderlich, daß viele Gemüse- und Obstgerichte aus dieser Gegend stammen. So sind die Petits pois à la française, die mit Zwiebelchen und Kopfsalat angereichert werden, eine klassische Gemüsegarnitur zu gebratenem Fleisch geblieben. Und Gerichte, die mit Erbsen garniert werden, heißen laut Escoffier, dem großen Küchenchef, der Ordnung in die Nomenklatur der Zubereitungen brachte, „à la Clamart".

1 kg frische grüne Erbsen
100 g Perlzwiebeln
2 kleine Kopfsalate
3 EL Butter
1 EL gehackte Petersilie
Salz
weißer Pfeffer
1 TL Zucker

Petits pois à la française
Die Erbsen entschoten, die Perlzwiebeln schälen und die Salatblätter lösen und waschen. Die Erbsen in 2 Eßlöffel Butter 1 bis 2 Minuten dünsten. Die Zwiebeln, die Petersilie, wenig Salz und Pfeffer beifügen. Kein Wasser zugeben. Die Erbsen mit einigen halbierten Salatblättern bedecken. Zudecken und bei kleiner Hitze 20 Minuten dünsten. Den Topf öffnen, den Salat herausnehmen und die restliche Butter mit dem Zucker unter die Erbsen mischen. Die Salatblätter zu Bündchen zusammenrollen, zu den Erbsen legen, nachwürzen und nochmals erwärmen.

Geschmorter Chicorée

1 kg Chicorée
60 g in Flocken
geschnittene Butter
Salz
weißer Pfeffer
1 TL Zucker
1 EL Butter zum Einfetten

Variation:
*Für die „goyère donai-
sienne", einen Chicorée-
kuchen, den Chicorée wie
beschrieben putzen,
vorbereiten, in Streifen
schneiden und mit
50 g Schalotten und
100 g geräucherten Speck-
würfelchen in Butter
anziehen lassen. Ein
Kuchenblech mit geriebe-
nem Teig (siehe Rezept
S. 174) auslegen, die
Füllung daraufgeben und
mit einem Guß aus
3 Eiern und 300 ml süßer
Sahne begießen. Im vor-
geheizten Backofen etwa
30 Minuten bei 200 °C
backen.*

Endives braisées
Den Chicorée putzen, waschen
und gut abtropfen lassen. Die
Kolbenunterseite mit einem kleinen, spitzen Messer ringsum
einen Zentimeter einschneiden
und ein kegelförmiges Stück des
festen Teils herausschneiden. Die
Kolben je nach Größe halbieren
und lagenweise mit den Butterflocken in eine gut schließende
Kasserolle geben, dabei jede Lage
mit Salz, Pfeffer und einer Prise
Zucker bestreuen. Ein Stück
Pergamentpapier so zurecht-
schneiden, daß es den Rand der
Kasserolle um 4 cm überragt. Mit
1 Eßlöffel Butter bestreichen und
mit der gebutterten Seite nach
unten auf den Chicorée legen.
Seitlich gut andrücken, damit der
Chicorée luftdicht abgeschlossen
wird. Die Kasserolle zudecken,
5 Minuten auf mittlerer Hitze
und dann auf kleinster Flamme
etwa 1 Stunde schmoren lassen.
Auf einer vorgewärmten Platte
anrichten. Darauf achten, daß der
Chicorée nicht zerfällt. Die
Schmorflüssigkeit darüber verteilen.

*D*ieses kolbenförmige Winter-
gemüse mit den langen,
weißgelben Blättern, in Frankreich „endives" und in Belgien
„witloof" genannt, stammt
ursprünglich aus der Nähe von
Brüssel. Ein Bauer entdeckte, daß
Zichorienwurzeln, die er achtlos
in den Keller geworfen hatte,
gekeimt und lange, schmale,
bleiche Blätter gebildet hatten. Er
fand sie eßbar und begann sie zu
kultivieren. Ein Botaniker
namens Brézier verbesserte sie,
und das Gemüse wurde zu dem,
was es heute ist. Diese „endives"
tauchten im Oktober 1879 in den
Pariser Markthallen auf, wo sie
mit Erfolg verkauft wurden.
Um die große Nachfrage zu
befriedigen, wurden sie auch im
Norden Frankreichs, in den
Provinzen Flandern und Artois,
angebaut, wo man sie nicht nur
für Salat verwendet, sondern vor
allem braisiert, das heißt mit
wenig Flüssigkeit langsam garen
läßt. Das allereinfachste, aber
delikate Rezept „endives à la
flamande" besteht nur aus
diesem Gemüse und Butter.

TRÜFFELSAUCE

Für die Trüffelsauce:
1–2 schwarze Trüffeln
200 ml Kalbsfond
(Rezept siehe unten)
200 ml Madeira
1 EL Butter
40 g sehr kalte Butter
Salz
Pfeffer

Für den Kalbsfond:
600 g grobgehackte Kalbs-
knochen (vorzugsweise
Brustknochen)
1 EL Butterschmalz
2 kleine Karotten
40 g Knollensellerie
1 kleine Zwiebel
½ Knoblauchzehe
½ Mokkalöffel Tomaten-
püree
6 EL Rotwein

Tip:
Kalbsfond kann auf Vorrat
zubereitet und in kleinen
Behältern tiefgekühlt
werden. Auf diese Art hat
man ihn stets zur Hand.

Sauce Périgueux

Für die Trüffelsauce: Die Trüffeln schälen und in sehr kleine Würfel schneiden. Die Schalen aufheben. Den Kalbsfond und den Madeira mischen und mit den Trüffelschalen etwa auf die Hälfte einkochen. Inzwischen die Trüffelwürfelchen kurz in 1 Eßlöffel Butter andünsten. Die Sauce passieren und nochmals etwas reduzieren. Die kalte Butter kleinwürfeln. Nach und nach unter die Sauce schlagen. Die Trüffelwürfelchen beigeben und mit Salz und Pfeffer abschmecken.
Für den Kalbsfond: Die Kalbsknochen in einer Bratkasserolle im Butterschmalz stark anbraten. Karotten, Sellerie und Zwiebel putzen, in kleine Würfel schneiden und zufügen, sobald die Knochen schön braun sind. Die ungeschälte Knoblauchzehe und das Tomatenpüree beigeben und ganz kurz mitdünsten. Mit dem Wein ablöschen, etwas verdampfen lassen, dann 1½ Liter Wasser zugießen. Den Jus auf ein Viertel einkochen lassen, dann durch ein feines Sieb passieren. In einen Topf geben und nochmals um die Hälfte einkochen.

Das Périgord ist bekannt für seine ausgezeichneten schwarzen Trüffeln. Das Gedeihen dieser kostbaren Pilze ist ein kleines Wunder. Sie wachsen unter der Erde zu nußgroßen, oft aber auch zu Stücken bis zu 12 cm Durchmesser heran. Sie werden mit Hilfe eines speziell dressierten Mutterschweins oder eines Hundes gesucht und ab Herbst bis zum Winteranfang geerntet. Die Sauce Périgueux ist in der klassischen französischen Küche unentbehrlich, dient sie doch als besondere Beilage zu edlen Rindfleischstücken wie Filets und Entrecôtes.
Ein ganz typisches Rezept ist das bekannte Tournedos „Rossini", eine kurzgebratene Rindsfiletscheibe, garniert mit Gänseleber mit Sauce Périgueux. Allerdings ist auch diese Spezialität kein ausgesprochen regionales Gericht, sondern die Kreation eines Küchenchefs. Die Sauce Périgueux wird aber vom Périgord bis in die Gascogne und ins Bordelais zu Rindfleisch serviert.

KÄSESOUFFLÉ
QUICHE LORRAINE

KÄSESOUFFLÉ

Für eine Auflaufform von
etwa 22 cm Durchmesser
oder 4 kleine Förmchen,
am besten aus Porzellan

Butter und Mehl für die
Form
60 g Butter
40 g Mehl
350 ml Milch
Salz
Pfeffer aus der Mühle
Muskatnuß
160 g frisch geriebener
Käse (Comté oder Gruyère)
4 Eier

QUICHE LORRAINE

Für eine Kuchenform von
24 cm Durchmesser

Für den Teig:
200 g Mehl
1 Ei
1 Prise Salz
120 g weiche Butter
Für die Füllung:
200 g geräucherter Mager-
speck oder Schinkenwürfel
2 EL Butter oder
Schweinefett
1 große Zwiebel
4 Eier
400 ml süße Sahne
Salz, Pfeffer
Muskatnuß
Butter für die Form
20 g Butterflocken zum
Bestreuen

KÄSESOUFFLÉ

Soufflé au comté

Die Souffléförmchen oder eine
Auflaufform halbhoch mit Butter
ausstreichen und mit Mehl
bestäuben. Überflüssiges Mehl
wieder ausschütten. Die Butter
mit dem Mehl unter Rühren hellgelb anschwitzen. Die Milch aufkochen lassen und rasch mit der
Mehlschwitze verrühren, damit
keine Klumpen entstehen. Etwa
8 Minuten lang zu einer dicken
Sauce rühren. Mit Salz, Pfeffer
und Muskatnuß abschmecken.
Den Käse zufügen, von der Herd-
platte nehmen und etwas abkühlen lassen.
Die Eier trennen. Die Eigelbe
einzeln unter die Masse arbeiten.
Wenn nötig, etwas nachwürzen.
Die Eiweiße mit einer Prise Salz
zu samtigem Schnee schlagen.
Etwa die Hälfte davon unter die
Masse mischen, den Rest locker
unterziehen. Die Förmchen
damit bis zum Rand füllen. In der
Mitte des vorgeheizten Ofens bei
180 °C etwa 15 bis 20 Minuten
backen und sofort servieren.
Nicht vergessen, daß die Gäste
auf das Soufflé warten sollen und
nicht umgekehrt!

QUICHE LORRAINE

Lothringer Speckkuchen

Das Mehl in eine Schüssel
sieben, in die Mitte eine Mulde
drücken. Das Ei, Salz und die
kleingeschnittene Butter zugeben. Rasch zu einem Teig
verarbeiten und 1 Stunde kühl
ruhen lassen. Den Speck in feine
Scheibchen schneiden. Butter
oder Schweinefett erhitzen. Den
Speck darin leicht anrösten. Aus
der Pfanne nehmen. Die Zwiebel
hacken und im Fond des Specks
glasig dünsten. Eier und Sahne
leicht verquirlen. Mit Salz, Pfeffer
und Muskatnuß würzen. Den
Teig etwa 3 mm dick ausrollen.
Die mit der Butter bestrichene
Form damit auslegen. Den Teigboden mit einer Gabel mehrmals
einstechen. Den Speck in der
Form verteilen. Einige Scheiben
zurückbehalten. Im vorgeheizten
Backofen 10 Minuten bei 230 °C
vorbacken. Aus dem Ofen nehmen. Die Zwiebeln auf den Speck
verteilen. Den Guß darübergießen. Die Temperatur auf
220 °C reduzieren und etwa
25 bis 30 Minuten weiterbacken.
Luftblasen aufstechen. Etwa
5 Minuten vor Ende der Backzeit
mit den Speckscheiben und den
Butterflocken belegen. Warm
servieren.

EIER BURGUNDER ART

100 g Speckwürfelchen
1 Lauchstange
4–5 gehackte Schalotten
3 EL Butter
2 Knoblauchzehen
1 Zwiebel, gespickt mit
1 Lorbeerblatt und
2 Gewürznelken
1 Zweig Selleriekraut
700 ml Burgunder
Rotwein
120 ml Bouillon
1 Messerspitze Salz
1 Messerspitze Pfeffer
1 Messerspitze Thymian
1 Stück Würfelzucker
2 Scheiben Toastbrot
2 EL Butterschmalz
8 frische Eier
1 EL Mehl
1 EL gehackte Petersilie

Tip:
Durch das Pochieren in Wein verfärben sich die Eier. Wer das vermeiden möchte, kann sie separat in Essigwasser garen.

Weinempfehlung:
Einfacher Beaujolais oder Burgunder

Œufs en meurette
Die Speckwürfelchen, den kleingeschnittenen Lauch und die Schalotten in 2 Eßlöffel Butter unter Wenden 5 Minuten dünsten. 1 Knoblauchzehe durchpressen und mit der gespickten Zwiebel, dem Selleriekraut, dem Wein und der Bouillon zugeben. Mit Salz, Pfeffer, Thymian und dem Zucker abschmecken. Auf kleinem Feuer 30 Minuten kochen. Die Brotscheiben halbieren und im Butterschmalz rösten. Die andere Knoblauchzehe durchpressen und die Brotscheiben damit bestreichen. Die Sauce absieben, die Pfanne reinigen und die Flüssigkeit wieder hineingeben. Zum Kochen bringen. Die Eier aufschlagen und einzeln vorsichtig in die Sauce gleiten lassen. Nicht mehr als 3 Eier auf einmal pochieren. Etwa 4 Minuten ziehen lassen, herausnehmen und warm stellen. Die Sauce auf großem Feuer 5 Minuten einkochen lassen. Das Mehl mit der restlichen Butter zu einer Kugel verkneten. Die Sauce unter Rühren mit der Mehlbutter binden. Sofort vom Feuer nehmen und über die Eier gießen.
Das Gericht mit der Petersilie bestreuen. Die Brotscheiben dazulegen.

Die Sauce meurette ist aus der Küche des Burgunds nicht wegzudenken. Sie ist die Basis vieler Gerichte dieser Gegend. Darin werden nicht nur – wie in diesem Rezept – Eier gekocht, sondern auch Fische und sogar Hirn. Dieses wird nach dem Braten mit Marc de Bourgogne flambiert, bevor es in die Sauce kommt. Im Burgund erzählt man, daß Madame de Sévigné, eine berühmte Schriftstellerin des 17. Jahrhunderts, im Gasthof von Saulieu etwas über ihren Durst getrunken hatte. Um sich diese Sünde vom lieben Gott verzeihen zu lassen, ließ sie dem Stiftsherrn von Saulieu eine Statue der Muttergottes überreichen. Man behauptet, sie habe bei dieser Gelegenheit auch die Sauce meurette kennengelernt, jedenfalls schwärmte sie später in ihren Schriften überschwenglich davon. Die „meurette", wie sie kurz genannt wird, besteht zur Hauptsache aus Burgunderwein. Es wäre aber falsch, nur den allerteuersten dafür zu verwenden. Ein alter Jahrgang mag im Glas noch wundervoll sein, in der Pfanne aber stirbt er meistens. Man sollte einen jüngeren, aber körperreichen Wein wählen.

LAUCHKUCHEN AUS DER PICARDIE

Für eine Form von 24 cm
Durchmesser

Für den Mürbteig:
370 g Mehl
180 g kleingeschnittene
Butter
2 Eier
2 Messerspitzen Salz

Für den Belag:
500 g Lauch
1 Zwiebel
100 g roher oder
gekochter Schinken
2 EL Butter
1 EL Weißwein
3 Eier
3 EL geriebener Gruyère
¼ Liter süße Sahne
Salz
Pfeffer
Muskatnuß
Butter für die Form

Tip:
*Den Mürbteig kann man
auch tiefgekühlt kaufen.*

Getränkeempfehlung:
*Sancerre, Muscadet oder
Bier*

Flamique au poireau

Für den Mürbteig: Das Mehl auf ein Teigbrett sieben und in der Mitte eine Mulde eindrücken. Die Butter auf dem Mehlrand verteilen. 1½ Eier und Salz in die Mulde geben und rasch zu einem Teig verkneten. Dabei nach Bedarf etwas Wasser zufügen. Den Teig zu einer Kugel formen und eine Stunde kühl ruhen lassen.

Für den Belag: Den Lauch putzen und die harten Blätter entfernen. In dünne Ringe schneiden. Die Zwiebel hacken. Den Schinken in feine Streifen schneiden. Den Lauch und die Zwiebeln in der Butter andünsten. Den Weißwein zugeben und 5 bis 10 Minuten unter Wenden bei kleiner Hitze knapp gar dünsten. Die Lauchflüssigkeit soll fast ganz verdampfen. Den sehr gut abgetropften Lauch mit dem Schinken mischen. Die Eier, den Käse und die Sahne gut verquirlen. Mit Salz, Pfeffer und Muskatnuß würzen.

Zwei Drittel des Teiges 3 mm dick ausrollen. Die Kuchenform mit wenig Butter ausfetten und mit dem Teig auslegen. Mehrmals mit einer Gabel einstechen. Den Lauch mit dem Schinken gleichmäßig auf dem Teig vertei-

len und den Eierguß darübergießen. Den restlichen Teig sehr dünn ausrollen. Einen Deckel etwas größer als die Form ausschneiden. Die Flamique damit bedecken. Mit dem restlichen, verquirlten halben Ei bestreichen. Im vorgeheizten Backofen bei 230 °C etwa 35 bis 40 Minuten backen. Wenn nötig, mit Aluminiumfolie abdecken, damit die Oberfläche nicht zu dunkel wird.

Die Flamique ist ein Kuchen, der seinen Ursprung in Belgien, also nahe den Provinzen Flandern, Artois und eben der Picardie hat. Eine Flamique kann süß oder pikant belegt werden. Herrlich schmeckt sie mit Lauch- oder Zwiebelfüllung, pikant mit Maroilles, dem rassigen Weichkäse aus der Gegend, und originell mit Kürbis. Die Flamique mit Lauch ist seit Jahren eines meiner Erfolgsrezepte, und am besten schmeckt sie, wenn man einen zarten Mürbteig dazu verwendet, wie es in Frankreich üblich ist. Dazu wird gerade in den nördlichen Provinzen nicht immer Wein getrunken, sondern viel eher eine der unzähligen gehaltvollen Biersorten, die dort beheimatet sind.

BASKISCHES OMELETT

6 frische Eier
1 Zucchino
1 kleine Aubergine
1 Zwiebel
1 Tomate
1 grüner Peperone
(Pfefferschote)
Salz
4 EL Olivenöl oder
Gänsefett
50 g Schinkenwürfelchen
2 Knoblauchzehen
2–3 Pfefferminzblätter
Pfeffer

Tip:
*Eine möglichst große Brat-
pfanne verwenden und
darauf achten, daß das
Omelett nicht zu trocken
wird.*

Weinempfehlung:
*Roter Graves oder
Saint-Emilion*

Pipérade aux œufs
Die Eier 15 Minuten mit dem
Schneebesen oder 2 bis 3 Minuten mit dem Rührwerk der
Küchenmaschine schaumig schlagen. Inzwischen den Zucchino,
die Aubergine, die Zwiebel und
die Tomate in Scheiben und den
entkernten Peperone in Streifen
schneiden. Die Auberginenschei-
ben mit wenig Salz bestreuen.
Nach etwa 10 Minuten mit
Küchenpapier abtupfen und in
1 Eßlöffel Olivenöl oder Gänsefett beidseitig hellbraun vorbacken. Aus der Pfanne nehmen.
1 Eßlöffel Öl oder Gänsefett
nachgeben, den Schinken und
die restlichen Gemüse darin dünsten. Sie müssen leicht anbraten
und alle Flüssigkeit soll dabei verdampfen. Zuletzt den durchgepreßten Knoblauch, die Pfefferminzblätter und wenig Salz und
Pfeffer zugeben. Kurz mitdünsten.
Die schaumige Eimasse leicht salzen und pfeffern, dann mit dem
gut abgetropften, etwas erkalteten
Gemüse mischen. Restliches Öl
oder Gänsefett in der Bratpfanne
erhitzen und die Mischung hin-
eingießen. Sobald das Omelett
auf der Unterseite fest geworden
ist, mit zwei Bratschaufeln wenden und fertigbacken. Sofort auf
eine vorgewärmte Platte geben.

*Die Pipérade aux œufs ist
eigentlich die Ratatouille des
Baskenlandes. Ich lernte dieses
Gericht allerdings nicht dort
kennen, sondern in Saint-Tropez,
wohin es Fifine, eine Baskin, ver-
schlagen hatte. Sie besaß ein
kleines, damals noch unbekann-
tes Restaurant, wo wir oft hin-
gingen, um ihre „omelette" zu
essen. Und das war nichts anderes als die Pipérade aux œufs aus
ihrer Heimat. Damals war Saint-
Tropez noch ein gemütliches
Fischerdorf. Fifine stand persönlich in der Küche und kochte täglich nur ein Menü. Für die Zubereitung der „omelette" ließ sie
sich auch gerne etwas bitten.
Anfänglich kochte sie diese nur
für Gäste, die ihr genehm waren,
und man mußte die obligate
Wartezeit mit Flanieren oder bei
einem Pastis verbringen. Inzwischen ist sie damit berühmt
geworden. Einmal durfte ich,
weil sie mich besonders mochte,
Fifine beim Zubereiten dieses
einfachen, aber geheimnisum-
witterten Gerichts zuschauen.
Seither verwöhne ich meine
Gäste – und manchmal auch
mich ganz alleine – mit dieser
baskischen Spezialität.*

KÄSE-KARTOFFELKUCHEN
BURGUNDER KÄSEKRANZ

KÄSE-KARTOFFEL-KUCHEN

Für eine Springform von
24 cm Durchmesser
Für den Teig:
150 g Mehl
Salz
100 g Frischkäse
100 g weiche Butter
Für den Belag:
500 g Kartoffeln
250 g junger Ziegenkäse
oder pikanter, reifer
Weichkäse
5 EL Milch
30 g Butter
6 Eier
Salz, Pfeffer
Butter für die Form

Tip:
Im Poitou wird dieser
Kuchen kalt mit viel
grünem Salat serviert.

BURGUNDER KÄSEKRANZ

Für ein rechteckiges
Backblech
80 g Butter
½ TL Salz
200 g Mehl
½ TL Backpulver
4 Eier
180 g Comté oder Gruyère
Butter fürs Blech
1 Eigelb zum Bestreichen

Weinempfehlung:
Leichte Burgunderweine

KÄSE-KARTOFFELKUCHEN
Petatou

Für den Teig: Das Mehl mit
2 Prisen Salz mischen. Den Frischkäse und die Butter dazugeben.
Rasch zu einem gleichmäßigen
Teig verarbeiten. Eine halbe
Stunde kühl stellen und nach
Belieben wie beim Blätterteig
zwei- bis dreimal falten und
jeweils 20 Minuten ruhen lassen.
Dann nochmals ausrollen, zusammenfalten und kühl stellen.
Für den Belag: Die Kartoffeln in
der Schale knapp weich kochen.
Den Käse in sehr feine Scheibchen schneiden. Die Kartoffeln
heiß schälen und durch die Presse
drücken. Die Milch erhitzen und
die Butter hineingeben. Die Kartoffeln beifügen und rasch zu
einem Püree verarbeiten. 4 Eier
verquirlen und zusammen mit
den Käsescheiben darunterziehen.
Mit Salz und Pfeffer abschmecken.
Eine Springform mit Butter ausstreichen. Mit dem Teig auslegen
und einen Rand von 3 cm hochziehen. Den Teigboden mit einer
Gabel mehrmals einstechen. Die
Masse hineingeben. Die Oberfläche mit 2 verquirlten Eiern bestreichen. Im vorgeheizten Backofen bei 180 °C etwa 50 Minuten
backen.

BURGUNDER KÄSEKRANZ
Gougère bourguignonne

Die Butter mit dem Salz in
¼ Liter Wasser aufkochen. Das
gesiebte Mehl mit dem Backpulver auf einmal hineingeben
und bei kleiner Hitze unter
Rühren mit der Holzkelle so lange
kochen, bis sich der Teigkloß
vom Topf löst. Den Topf vom
Feuer nehmen, kurz abkühlen
lassen und, solange die Masse
noch warm ist, die Eier einzeln
darunterarbeiten. Das vierte Ei
nur noch nach Bedarf zum Teig
geben. Den Teig 15 Minuten
ruhen lassen. Die Hälfte des
Käses reiben und unter den Teig
ziehen. Vom Teig mit Hilfe von
zwei Eßlöffeln 7 gleichgroße
Kugeln abstechen. Diese kranzförmig auf einem gebutterten
Blech anordnen. Den restlichen
Käse in kleine Würfelchen
schneiden und den Ring damit
bespicken. Sie sollen gut sichtbar
bleiben. Das Eigelb mit 1 Eßlöffel
Wasser gut verquirlen und die
Gougère damit bestreichen. Im
vorgeheizten Backofen etwa
25 Minuten bei 190 °C backen.
Die Gougère muß goldbraun sein,
darf aber nicht austrocknen.
Sofort heiß servieren, nicht
aufwärmen, sie schmeckt nur
frisch gut!

CREPES PARMENTIER

*I*n ganz Frankreich werden Zubereitungen aus Kartoffeln oft mit dem Namen „Parmentier" versehen. Augustin Parmentier (1737–1813), Militärapotheker und Agronom, wird die Einführung der Kartoffel in Frankreich zugeschrieben. Während des Siebenjährigen Krieges lernte er als Kriegsgefangener in Westfalen diese Knolle kennen. Anläßlich eines Wettbewerbs der Akademie von Besançon im Jahre 1772, der zum Zweck der Entdeckung von lebenswichtigen Lebensmitteln im Falle von Hungersnöten ausgeschrieben wurde, empfahl er die Kartoffel und wurde damit Sieger. Er förderte danach den Anbau dieser wertvollen Knolle in ganz Frankreich und es gibt heute keine Region, die nicht ihre Kartoffelspezialitäten aufzuweisen hätte. Die Crêpes Parmentier sind besonders beliebt. In Vonnas, einem Ort in der Nähe von Lyon, wurde eine „mère" (so nannte man früher vorzügliche Köchinnen) mit ihrem Restaurant damit sogar berühmt. Deshalb werden sie auch manchmal „crêpes vonnassiennes" genannt.

Für 4 bis 6 Personen

500 g Kartoffeln
2–3 Tassen Milch
3 EL Sahne
6 Eier
3 EL Mehl
Salz
weißer Pfeffer
Muskatnuß
3 EL Butterschmalz

Variationen:
Dem Pfannkuchenteig können nach Geschmack feingehackter Schinken oder Speck, gewürfelte Zwiebeln oder geriebene rohe Kartoffeln beigegeben werden.

Kartoffelpfannkuchen
Die Kartoffeln in der Schale weich kochen. Abtropfen und etwas abdampfen lassen. Warm schälen und passieren oder zerstampfen. Die Milch erhitzen. Die Kartoffeln zufügen und gut mischen. Das Püree etwas abkühlen lassen, dann die Sahne, die Eier und das Mehl zugeben. Mit Salz, Pfeffer und 1 Prise Muskatnuß würzen. Etwa 30 Minuten ruhen lassen. Der Teig soll leicht flüssig sein. Im Butterschmalz kleine Pfannkuchen ausbacken. Heiß servieren.

BRATKARTOFFELN MIT REBLOCHON

200 g gepökelte
Schweinebrust
1 kg Kartoffeln
1 große Zwiebel
4 EL Butterschmalz
Salz
Pfeffer
Butter für die Form
250 g Crème fraîche
1 reifer Reblochon

Tip:
*Die gepökelte Schweine-
brust läßt sich durch
Magerspeckstreifen
ersetzen.*

Weinempfehlung:
*Fruchtiger Weißwein aus
Savoyen oder Gamay,
z.B. Beaujolais*

Tartiflette
Die Schweinebrust 2 bis 3 Stunden wässern. Die Kartoffeln
schälen, abtrocknen und in ½ cm
dicke Scheiben schneiden. Die
Zwiebel schälen und in dünne
Scheiben schneiden. Etwa 3 Eßlöffel Butterschmalz in einer
großen Bratpfanne erhitzen. Die
Fleischstreifen hinzufügen und
leicht anbraten, danach mit der
Lochkelle aus der Pfanne nehmen. Das restliche Butterschmalz
nachgeben, die Zwiebelscheiben
zufügen und hellbraun braten,
herausnehmen und die Kartoffelscheiben in die Pfanne geben.
Mit Salz und Pfeffer würzen.
Etwa 15 bis 20 Minuten unter
öfterem Wenden braten. Eine
feuerfeste, irdene, runde Form
mit der Butter ausstreichen. Die
gebratenen Kartoffeln hineingeben, die Zwiebeln und die
Fleischstreifen darauf verteilen.
Die Crème fraîche darübergeben.
Vom Reblochon ringsum die
Rinde entfernen. Die obere und
die untere Fläche des Käses mit
einem Messer gut abschaben.
Den Reblochon in etwa 1½ cm
dicke Scheiben schneiden. Die
Kartoffeln mit dem Käse bedecken. Etwa 10 Minuten bei
250 °C im Ofen überbacken.
Danach die Temperatur auf

200 °C reduzieren. Weiterbacken, bis der Käse geschmol-
zen ist. Er sollte nur leicht Farbe
annehmen und es darf keine
Kruste entstehen. In der Form
servieren.

*Der Reblochon ist der be-
kannteste Käse aus Savoyen.
Er wird aus Kuhmilch hergestellt,
ist rund, hat einen Durchmesser
von 14 cm, ist 3,5 cm hoch und
wiegt etwa 500 g. Er gehört in
die Familie der Rotschmierkäse.
Seine gelb-rötliche Rinde muß
vor dem Essen oder der Weiter-
verwendung gründlich abge-
schabt werden. Sein weicher Teig
ist vollfett und im reifen Zustand
leicht fließend. Dann erst ist sein
typisches Alpenblumenaroma voll
entwickelt. Die Reifezeit nach
der Herstellung beträgt zehn bis
zwölf Monate. Der Reblochon
wurde durch die Mönche der
Chartreuse, dem berühmten
Kartäuserkloster, bekannt. Die
Bauern der Umgebung baten die
Klosterbrüder, ihre Chalets zu
segnen. Dafür gaben sie ihnen
von ihren Käsen, die deshalb
„fromages de dévotion", Opfer-
käse, genannt wurden.*

FISCH, SCHAL- UND KRUSTENTIERE

MIESMUSCHELN NACH ART DER CHARENTE

2 kg Miesmuscheln
4 gehackte Schalotten
1 feingehackte Zwiebel
2 EL Butter
200 ml Weißwein
Pfeffer aus der Mühle
150 ml süße Sahne
2 Eigelb
1 TL Currypulver
Salz

Tip:
Miesmuscheln sind von Juli bis Januar am besten. Muscheln mit defekter Schale und solche, die sich beim Aufkochen nicht öffnen, sollte man wegwerfen.

Weinempfehlung:
Weißer Graves oder Bordeaux

Mouclade
Die Muscheln unter fließendem kaltem Wasser kräftig abbürsten, bis alle Unreinheiten entfernt sind. Den „Bart" auszupfen. Die Schalotten und die Zwiebel in der Butter in einem hohen Topf anziehen lassen. Den Wein und den Pfeffer zufügen und etwa 10 Minuten kochen lassen. Die Muscheln zugeben, zudecken und bei großer Hitze aufkochen. Sobald Dampf entsteht, den Deckel entfernen und die Muscheln gut durchrühren. Wenn sich die Schalen öffnen, abgießen und den Sud auffangen. Den Sud in einen Topf geben und bis zu einem Drittel einkochen lassen. Inzwischen von den Muscheln je eine Schalenhälfte entfernen. Die Muscheln in eine Gratinform geben und warm halten. Den Sud passieren. Die Sahne, die Eigelbe und das Currypulver gut verrühren. Den Sud unter Rühren dazugießen, wieder in den Topf geben und kurz erhitzen, nicht mehr kochen lassen. Mit Salz und Pfeffer abschmecken und die Sauce über die Muscheln verteilen. Das Gericht 3 bis 4 Minuten bei 220 °C mit Oberhitze im vorgeheizten Ofen überbacken.

Die Mouclade ist ein ganz typisches Gericht aus der Charente. Man sollte dazu die „moules de bouchot", kleine Miesmuscheln aus dieser Gegend oder aus der Bretagne, verwenden. Sie sind feiner im Fleisch und aromatischer als die großen Sorten. Der Curry gibt diesem Gericht die interessante Note. Allerdings muß er sparsam verwendet werden.
Ein ganz besonders originelles Muschelgericht wird in der Gegend von Marennes im Freien zubereitet. Diese sehr alte Spezialität von der Halbinsel Avert wird „éclade" oder auch „terrée de moules" genannt. Man bestreicht dazu ein Brett mit Lehm, steckt in die Mitte ein Kreuz aus vier Muscheln mit der Spitze nach oben und belegt rundum das Brett ganz dicht mit Muscheln. Das Ganze wird mit einer Schicht Piniennadeln zugedeckt und angezündet. Dann wird die Asche mit einem Besen weggefegt. Gegessen werden diese Muscheln heiß mit Landbrot und gesalzener Butter.

Hummer in Tomaten-Cognacsauce

Für 2 Personen

1 Lorbeerblatt
1 Hummer von etwa 1 kg
(vorzugsweise ein
bretonischer)
2 EL Butterschmalz
1 große, gehackte Zwiebel
1 gehackte Karotte
3 gehackte Schalotten
2 Knoblauchzehen
1 kleiner Estragonzweig
40 g frische Butter
3 EL Cognac
200 ml trockener
Weißwein
2 geschälte Tomaten
1/2 TL Tomatenpüree
1 EL gehackte Petersilie
1/2 TL Zucker
Salz, Pfeffer
1 Prise Cayennepfeffer
Saft von 1/2 Zitrone

Variante:
*Für den „Homard à la
crème" läßt man Zwiebeln
und Tomaten weg und
kocht den Fond am Schluß
mit etwa 1/4 Liter süßer
Sahne zu einer sämigen
Sauce ein.*

Weinempfehlung:
*Sauternes oder anderer
gehaltvoller Weißwein*

Homard à l'armoricaine
Einen großen Topf mit Wasser und dem Lorbeerblatt erhitzen. Den Hummer mit dem Kopf voran hineingeben. Etwa 1 Minute kochen lassen, dann vom Herd nehmen und etwa 3 Minuten stehen lassen. Den Hummer aus dem Sud nehmen. Die Scheren ablösen und anknacken. Den Schwanz des Hummers vom Kopf abtrennen und in vier Teile hacken. Den Kopf längs halbieren und den Beutel mit dem grießigen Inhalt entfernen. Die cremigen Teile des Kopfes und den Rogen für die Sauce aufheben. Die Hummerstücke im Butterschmalz unter ständigem Wenden 3 bis 4 Minuten anbraten.
Die Zwiebel, die Karotte, die Schalotten, den durchgepreßten Knoblauch und den Estragonzweig in 20 g Butter anziehen lassen. Die Hummerstücke zugeben. Mit 2 Eßlöffel Cognac ablöschen und nach Belieben flambieren. Den Wein zufügen und etwa 6 bis 7 Minuten zugedeckt leise schmoren lassen. Die Tomaten ausdrücken, klein würfeln und mit dem Tomatenpüree, der Petersilie und dem Zucker zugeben. Nochmals etwa 10 Minuten zugedeckt weitergaren. Die restliche Butter mit der Hummer-

creme aus dem Kopfteil und dem Rogen zu einer Paste verarbeiten. Die Hummerstücke warm stellen. Die Sauce durch ein feines Sieb drücken. Die Hummerbutter und den restlichen Cognac unter die Sauce schlagen. Mit Salz, Pfeffer und dem Cayennepfeffer abschmecken, wenig Zitronensaft zufügen und über dem Hummer anrichten.

Die Hummer aus der Bretagne gelten als die besten der Welt. Lebend sind sie schwarz. Die männlichen Hummer haben einen etwas gewölbteren Körper als die weiblichen.
Oft wird dieses Gericht auch „à l'américaine" genannt. Kenner sagen, daß es aber gar nichts mit Amerika zu tun hat, außer daß es die Amerikaner gerne essen! Es soll sich um ein altes Rezept aus der Armorique, einem Teil der bretonischen Küste, handeln. Andere behaupten, das Rezept sei in der Provence entstanden, von einem Koch nach Amerika gebracht worden und dann wieder in die Bretagne gekommen. Wie dem auch sei, die Sauce ist sehr gut und der Cognac wird auch nicht weit von dort in der Charente hergestellt.

Aal in Kräutersauce
Hecht in Senfbutter

AAL IN KRÄUTERSAUCE
4 Aale zu je 350 g
½ Liter Weißwein
Salz
1 TL zerdrückte
Pfefferkörner
100 g frische Butter
gehackte Kräuter:
4 EL Sauerampfer
2 EL Petersilie
1 EL Kerbel
1 TL Salbei
1 TL Pfefferminze
1 TL Bohnenkraut
1 EL Mehl
Saft von 1 Zitrone

Getränkeempfehlung:
Muscadet oder Bier

HECHT IN SENFBUTTER
Für 6 Personen
1 junger Hecht
von etwa 1,2 kg
2 EL Butter
4 feingehackte Schalotten
¼ Liter Weißwein
(Anjou oder Muscadet)
Salz
Pfeffer
½ TL englisches
Senfpulver
100 ml süße Sahne
60 g Butterflocken

Weinempfehlung:
Weißer Anjou, Muscadet,
Sancerre oder Saumur

AAL IN KRÄUTERSAUCE
Anguille au vert

Die Aale beim Kauf häuten und pfannenfertig zurichten lassen. In 4 cm lange Stücke schneiden. Den Fisch mit dem Wein, wenig Salz und dem Pfeffer aufkochen. Etwa 50 g Butter in einen Topf geben und erwärmen. Die Kräuter und die Aalstücke zufügen und alles gut mischen. Mit dem Mehl bestäuben, umrühren und etwas andünsten, dann nach und nach den Kochsud der Fische zugeben. Nach 10 Minuten den Fisch herausnehmen und warm stellen. Den Sud mit Salz und Pfeffer abschmecken und sämig kochen. Die restliche Butter kleinschneiden und zusammen mit dem Zitronensaft beigeben. Mit einem Holzlöffel rühren, bis eine glatte Sauce entsteht. Nach Bedarf nachwürzen. Die Fischstücke in die Sauce geben, langsam erwärmen. Nicht mehr kochen lassen!

*D*iese Zubereitungsart stammt eigentlich aus Belgien. Seit über achtzig Jahren gehört dieses Rezept zu den bekannten Pariser Bistrogerichten. Vielleicht hat es einmal ein Flame in die Seine-Stadt gebracht, wo es offenbar Gefallen fand.

HECHT IN SENFBUTTER
Brochet à l'angevine

Den ausgenommenen Hecht in 3 cm dicke Scheiben schneiden. Diese in der Butter rasch beidseitig anziehen lassen. Die Schalotten zufügen und 1 bis 2 Minuten mitdünsten, dann mit dem Wein ablöschen. Die Fischstücke mit Salz und Pfeffer bestreuen und halb zugedeckt 5 Minuten ziehen lassen. Die Fischscheiben aus der Pfanne heben und warm stellen. Den Fischsud auf die Hälfte einkochen lassen. Das Senfpulver und die Sahne gut mischen und zufügen. Weiterkochen, bis die Sauce sämig wird. Die Butterflocken darunterrühren. Nachwürzen und über die Fischscheiben verteilen.

*D*ieses Rezept stammt aus der Zeit, als es in Maine und Loire noch viele Hechte gab. Sie wurden jung gefangen und, wie im Rezept beschrieben, in einer leichten Senfsauce angerichtet. In diesen Flüssen gab und gibt es auch noch heute, nur weniger natürlich, Alsen, Aale und Lachse. In Angers wird junger Hecht auch gerne ganz im Sud gekocht und mit „beurre blanc" (siehe Rezept S. 116) serviert.

SEESAIBLING MIT WEISSER BUTTERSAUCE

Für den Sud:
300 ml Weißwein
1 in Rädchen geschnittene Karotte
1 grobgehackte Zwiebel
1 Zweig Thymian
1 Zweig Petersilie
½ Lorbeerblatt
Salz

Für die Buttersuce:
50 g gehackte Schalotten
2 EL Weißweinessig
4 EL trockener Weißwein
100 g frische Butter
2 EL süße Sahne
Salz
weißer Pfeffer

4 pfannenfertige
Seesaiblinge zu je 250 g

Weinempfehlung:
*Savoyer Weißwein oder
Chardonnay, Chablis,
Meursault oder Pouilly-
Fuissé*

Omble chevalier au beurre blanc
Für den Sud: Alle Zutaten zusammen 10 Minuten kochen und wieder erkalten lassen.
Für die Buttersauce: Die Schalotten, den Essig und den Weißwein einkochen, bis nur noch etwa 3 Eßlöffel Flüssigkeit vorhanden ist. Diese durch ein feines Sieb abgießen und dabei die Schalotten gut auspressen. Die Butter kleinwürfeln. Den Extrakt wieder erhitzen, die Sahne zugeben, aufkochen, dann die Temperatur reduzieren und die Butter nach und nach unter die Sauce schwingen. Mit Salz und Pfeffer abschmecken. Die Saiblinge in den inzwischen etwas abgekühlten Sud geben und langsam erhitzen, aber nicht kochen. Die Saiblinge 5 Minuten garen lassen, dann den Topf beiseite stellen. Die Fische anrichten und die Sauce separat dazu servieren.

*I*n jeder Gegend von Frankreich lohnt es sich, kleine Abstecher weg von der Autobahn zu machen. So auch ein Ausflug zu einem schönen Savoyer See. Vielleicht an den Lac d'Annecy. Dann sollte man nicht versäumen, den köstlichsten aller Süßwasserfische, den etwas rar werdenden Seesaibling, zu genießen.

Einen legendären Namen erwarb sich der Père Bise in Talloires bei Annecy nicht zuletzt wegen seinen subtilen Zubereitungen des „omble chevalier". Heute pflegen seine Nachkommen diese Spezialität weiter. Am besten schmeckt er blau gekocht, begleitet von der „beurre blanc", der delikaten Buttersauce, die auch an der Loire zu blaugekochtem jungem Hecht serviert wird. In der Normandie und in der Bretagne findet man diese Zubereitung für Seezungen, Steinbutt oder den Petersfisch. In Frankreich ist die Zubereitung der „beurre blanc" für Köche eine Selbstverständlichkeit. Anderswo haben Ungeübte oft Angst vor dieser Zubereitung. Wer die oben erwähnte Anleitung befolgt, wird damit keine Probleme haben. Kocht die Sauce zu stark ein, tritt die Butter wieder heraus. Dann genügt es, ein bißchen heißes Wasser oder Wein zuzufügen, und alles ist wieder „in Butter".

FISCHSUPPE AUS DER BRETAGNE

Für 6 Personen

2 große Zwiebeln
3 dicke Lauchstangen
(nur weißer Teil)
4 Karotten
4 Navets (kleine weiße
Rüben) nach Belieben
3 EL Schweinefett oder
Butter
5 Pfefferkörner
1 zerdrückte Knoblauch-
zehe
2 kleine Thymianzweige
1 Zweig Selleriekraut
2 Lorbeerblätter
1 Gewürznelke
Salz
6 mittelgroße Kartoffeln
2 kg Fische z.B. Seehecht,
Meeraal, Seeteufel,
Makrelen, Knurrhahn

Für die Vinaigrette:
2 EL feingehackte
Schalotten
2 EL milder Rotweinessig
Salz
Pfeffer
4 EL Traubenkernöl oder
anderes Salatöl
2 EL gehackte Petersilie
oder Schnittlauch

12 dünne, getoastete
Weißbrotschnitten

Weinempfehlung:
*Savennières, Château de
Chamboureau, weißer
Graves oder Entre-Deux-
Mers*

Cotriade
Die Zwiebeln und den Lauch in sehr dünne Ringe schneiden. Die Karotten und die kleinen weißen Rüben in Rädchen schneiden und mit den Zwiebeln und dem Lauch im Schweinefett oder in der Butter anziehen lassen. Die Pfefferkörner mit dem Nudelholz leicht zerdrücken. Zusammen mit dem Knoblauch, dem Thymian, dem Selleriekraut, den Lorbeerblättern und der Gewürznelke dazugeben. Etwa 1 Liter Wasser zugießen und leicht salzen. Die Kartoffeln schälen, waschen und in 2 bis 3 mm dicke Scheiben schneiden. Die Fische schuppen, ausnehmen und die Köpfe entfernen. 2 bis 3 Fischköpfe und die Kartoffeln zur Suppe geben. Etwa 15 Minuten kochen. Die größeren Fische mitsamt den Gräten in Stücke schneiden. Die kleineren wie Makrelen und Knurrhähne ganz belassen. Den Fisch der Bouillon zufügen. Nochmals salzen und etwa 8 bis 10 Minuten bei schwacher Hitze ziehen lassen.
Für die Vinaigrette: Die Schalotten und den Essig mischen und mit Salz und Pfeffer abschmecken. Das Öl darunterschlagen und die Petersilie oder den Schnittlauch zugeben.

Die Fischköpfe entfernen. Die Fische und die Kartoffeln auf einer Platte anrichten und die Vinaigrette dazureichen. Die Suppe mit den Brotschnitten nach Belieben vor oder nach den Fischen servieren.

*D*ie Cotriade ist die Bouilla-*baisse der Bretagne. Heute noch wird sie auf den Schiffen zubereitet und die Matrosen und Fischer essen die Suppe mit Brotscheiben zum Abschluß der Ausfahrt. Je nach Fang bereiten sie das Gericht oft mit den billigeren Fischsorten zu. In gewissen Restaurants gibt man der Suppe Muscheln zu und, wenn es ganz feudal zugehen soll, ab und zu Langusten oder Hummer. Ein Fischer gab mir den Rat, nebst den im Rezept genannten Sorten, nur zu einem Viertel fette Fische wie Makrelen, Aal oder Sardinen für diese Suppe zu verwenden. Der Name soll übrigens von den Holzstützen, den „cotrets" herstammen, die dem Kochkessel untergeschoben wurden. Nach einer anderen Version leitet er sich von „coterie", einem französischen Wort für Mannschaft, ab.*

KABELJAU IN APFELWEIN

2 große säuerliche Äpfel
200 ml Cidre (Apfelwein)
1 TL Zucker
4 EL Butter
800 g Kabeljau (Schwanz-
stück oder Rückenfilet)
100 ml Fleischbouillon
Butter für die Form
Salz
Pfeffer
200 ml süße Sahne
1 TL scharfer Senf, zum
Beispiel Dijon-Senf
2 EL Calvados
30 g Butterflocken
½ TL gehackter Thymian
1 EL gehackte Petersilie

Tip:
*Das Schwanzstück ist
nicht gleichmäßig dick.
Deshalb beim Garen im
Ofen den schlankeren Teil
mit etwas Folie abdecken,
damit er langsamer gar
wird. Der Fisch ist gar,
wenn der dickere Teil
milchig-weiß und fest ist.*

Weinempfehlung:
*Cidre oder leichter
Weißwein*

Cabillaud au cidre
Die Äpfel schälen, halbieren und
entkernen. Die Apfelhälften von
der gewölbten Seite her in Abständen von etwa 3 mm so einschneiden, daß sie unten noch
zusammenhalten. Mit wenig
Apfelwein beträufeln. Den Zucker
in einer Bratpfanne hellbraun
schmelzen. Etwa 2 Eßlöffel Butter
zugeben, zerfließen lassen. Die
Apfelhälften beidseitig in der
Butter anziehen lassen. 1 bis 2 Eßlöffel Apfelwein zugeben und
knapp weich garen. Den Kabeljau
mit dem restlichen Apfelwein
und der Fleischbouillon in einen
Bräter geben. Zudecken, erhitzen
und bei kleiner Hitze zugedeckt
5 Minuten garen. Den Kabeljau
herausnehmen und häuten. Mit
Küchenpapier abtupfen, in eine
mit Butter ausgestrichene Form
legen, salzen, pfeffern, die restliche Butter schmelzen und den
Fisch damit begießen. Im vorgeheizten Backofen etwa 30 Minuten bei 180 °C braten. Den Sud
durch ein feines Sieb gießen. Auf
etwa 100 ml einkochen. Die Sahne
zugeben und die Sauce sämig
kochen. Die Äpfel zum Fisch
geben. Etwa ½ Teelöffel Senf mit
dem Calvados verrühren. Den
Kabeljau damit bestreichen. Etwa
10 Minuten überbacken.

Die Butterflocken unter die Sauce
rühren. Mit Salz, Pfeffer, Thymian
und dem restlichen Senf abschmecken. Den Fisch mit der
Petersilie bestreuen und die
Sauce separat dazu servieren.

*D*ie Herstellung von Apfelwein ist seit der Antike
bekannt. Sie wurde unter Karl
dem Großen reglementiert und
im 12. Jahrhundert etablierte sie
sich in der Normandie und in der
Bretagne, wo das Klima für die
Apfelkultur sehr günstig ist. Für
den Cidre werden sehr viele verschiedene Apfelsorten verwendet. Die Kunst des Kellermeisters
besteht darin, eine harmonische
Mischung aus süßen, sauren und
oft auch leicht bitteren Apfelsorten zusammenzustellen. Manchmal werden auch einige Birnen
zugefügt. Die Gärung, die ohne
jeden fremden Zusatz abläuft,
dauert ungefähr einen Monat.
Während dieser Zeit wird der
Cidre mehrmals geklärt, meistens
zum Schluß pasteurisiert und mit
wenig Kohlensäure angereichert.
Lange Zeit war der Cidre ausschließlich ein Getränk. Inzwischen wird er von Hausfrauen
und Köchen auch in der Küche
gern verwendet.

MARSEILLER BOUILLABAISSE

Für 6–7 Personen

2 Zwiebeln
1 Lauchstange
2 kleine Tomaten
150 ml Olivenöl
4 Knoblauchzehen
2 Lorbeerblätter
½ TL Fenchelsamen
1 Stück unbehandelte
Orangenschale
1 Zweig Thymian
1 Zweig Bohnenkraut
2 kleine, entkernte, scharfe
rote Pfefferschoten
Salz, Pfeffer
3 kg Mittelmeerfische
(Drachenkopf, rot oder
grau, Petersfisch, Wittling,
Seeteufel, Knurrhahn,
Stöcker)
1 Prise Safranfäden
6–7 dünne Scheiben vom
Baguette (frz. Stangen-
weißbrot)

Für die Rouille:
2 kleine, scharfe rote
Pfefferschoten
Salz
1 Prise Safran
4 Knoblauchzehen
40 g Brot ohne Kruste
2–3 EL Fischbouillon
1 Eigelb
100 ml Olivenöl

Weinempfehlung:
*Weißwein aus Cassis oder
Côtes de Provence*

Bouillabaisse de Marseille
Die Zwiebeln in feine Streifen,
den Lauch in feine Rädchen und
die Tomaten in Viertel schneiden.
Das Olivenöl erhitzen. Die Zwiebeln, die Tomaten und den Lauch
im Öl leicht Farbe annehmen lassen. Den Knoblauch schälen und
mit dem Messer zerdrücken. Mit
den Lorbeerblättern, dem Fenchelsamen, der Orangenschale, dem
Thymian, dem Bohnenkraut und
den Pfefferschoten zufügen. Alles
gut mischen, kurz weiterdünsten,
dann mit Salz und Pfeffer abschmecken und abkühlen lassen.
Alle Fische ausnehmen und gut
waschen. Die Köpfe abschneiden
und spalten, auf diese Art geben
sie der Bouillon mehr Aroma ab.
Die Flossen abschneiden und je
nach Größe die Fische in Scheiben schneiden oder in Stücke
teilen. Die Fische in die erkaltete
Marinade geben und alles gut
mischen. Etwa 4 bis 5 Stunden
ziehen lassen. Die Fische mit der
Marinade in einen Topf geben.
Mit kaltem Wasser auffüllen bis
etwa 2 cm unterhalb der Fische.
Bei großer Hitze aufkochen lassen
und 6 bis 8 Minuten sprudelnd
kochen, dann die Hitze reduzieren.
Den Safran beifügen und 8 bis
10 Minuten weitergaren.
Inzwischen die Rouille (Rezept

siehe unten) zubereiten und die
Weißbrotscheiben toasten. Die
Fische mit dem Schaumlöffel
sorgfältig aus der Suppe nehmen
und auf einer vorgewärmten Platte
anrichten. Die Suppe passieren
und, wenn nötig, nachwürzen.
Die Brotscheiben nach Belieben in
Suppen-teller legen und die heiße
Fischbouillon daraufgießen. Die
Fische werden gleichzeitig mit
der Suppe gegessen. Die Rouille
in die Suppe geben oder separat
dazu servieren.

Rouille
Pfefferschoten längs halbieren,
entkernen und in kleine Stücke
schneiden. Mit Salz, Safran und
dem geschälten, kleingeschnittenen Knoblauch im Mörser zu
einer Paste verreiben. Brot zer-
kleinern und mit heißer Fisch-
brühe begießen, ausdrücken und
mit dem Stößel unter die Paste
arbeiten. Eigelb zufügen und das
Öl unter ständigem Rühren nach
und nach zugießen. Wenn nötig,
mit wenig warmem Sud ver-
dünnen.

GEFÜLLTER DRACHENKOPF

1 Drachenkopf
von etwa 2 kg
Salz, Pfeffer

Für die Füllung:
Leber des Fisches oder
50 g Geflügelleber
4 Jakobsmuscheln ohne
Rogen
2 küchenfertige Gambas
(große rote Krevetten)
100 g kleine, geschälte
Garnelen
150 g Seeteufel
1 Eiweiß
1 Lauchstange
(nur der weiße Teil)
5 EL Olivenöl
1 Bund feingeschnittener
Schnittlauch
1/8 Liter süße Sahne
Salz, Pfeffer
2 EL Cognac
2 große weiße Zwiebeln
1 kg reife Tomaten
200 ml Weißwein
1 Lorbeerblatt
1 Knoblauchzehe
1 Zweig Thymian
Salz, Pfeffer
1 Prise Zucker

Tip:
*Man kann auch Brassen,
gefüllt oder ungefüllt, auf
diese Art zubereiten.*

Weinempfehlung:
*Rosé aus der Provence,
z.B. Pétale de rose,
Tibouren oder Tavel*

*Capoum farci à la mode de
Guillaume*
Den Fisch beim Kauf, wenn möglich, von den Kiemen her ausnehmen lassen. Innen und außen
salzen und pfeffern.
Für die Füllung: Alle Zutaten, auch
die Sahne, gut kühlen. Die Leber,
die Jakobsmuscheln, die Gambas
und die Garnelen in kleine Stücke
schneiden. Den Seeteufel in
Stücke schneiden und mit dem
Eiweiß im Mixer pürieren. Den
Lauch in feine Streifen schneiden
und in 1 Eßlöffel Olivenöl knapp
gar dünsten. Nach dem Erkalten
mit den Meeresfrüchten, der
Leber, dem pürierten Fisch und
dem Schnittlauch gut mischen.
Nach und nach die Sahne
zufügen. Mit Salz und Pfeffer
abschmecken. Diese Füllung
durch die Kiemen in den Bauch
einfüllen. Den Cognac mit hineingeben. Die Zwiebeln hacken
und im restlichen Olivenöl anziehen lassen. Die Tomaten in
Scheiben schneiden, hinzufügen
und weiterdünsten, bis alle
Flüssigkeit verdampft ist. In eine
passende feuerfeste Form verteilen. Den Fisch darauflegen,
den Wein, das Lorbeerblatt, den
durchgepreßten Knoblauch und
den Thymian zugeben und im
vorgeheizten Ofen bei 220 °C

10 Minuten andünsten. Danach
auf 160 °C zurückschalten, mit
Aluminiumfolie locker zugedeckt
35 Minuten weitergaren lassen.
Zum Anrichten den Fisch herausnehmen und im abgestellten,
offenen Ofen warm halten. Die
Sauce auf dem Herd stark einkochen. Die Kräuter entfernen.
Mit Salz, Pfeffer und einer Prise
Zucker abschmecken.

*Wenn man der französi-
schen Sprache mächtig ist,
sollte man beim Einkaufen unbedingt mit den Einheimischen
Gespräche führen. Man erfährt so
viel Interessantes und bekommt
eine Beziehung zum Land und
seiner Bevölkerung. In den letzten Jahren verbrachte ich viel Zeit
in der Provence und habe auch
einige dieser liebenswürdigen
Leute in mein Haus eingeladen,
um mit ihnen zu kochen. So habe
ich mich mit meinem Fischhänd-
ler Guillaume in Sainte-Maxime
angefreundet. Ihm verdanke ich
das Rezept des „capoum farci",
dessen Füllung ich allerdings
abänderte. Der Drachenkopf ist
ein roter, grimmig aussehender
Fisch mit großem Kopf. Durch
seine schöne rote Farbe präsentiert er sich besonders gut.*

FLUSSFISCH IN ROTWEIN

100 g Petit salé
(gepökelter Speck)
2 Karotten
3 Lauchstangen
(nur weißer Teil)
5½ EL Butter
12 Perlzwiebeln
3 geschälte Knoblauch-
zehen
1 Zweig Selleriekraut
2–3 Petersilienzweige
1 Lorbeerblatt
1 kleine, scharfe rote
Pfefferschote
700 ml kräftiger
französischer Rotwein
1,5 kg kochfertige
Süßwasserfische wie Aal,
Karpfen oder Schleie
100 g geviertelte
Champignons
Salz, Pfeffer
3 EL Cognac, nach
Belieben
1 EL Mehl
2–3 Scheiben vom Baguette
(frz. Stangenweißbrot)
Butter zum Rösten

Tip:
*Man kann auch Fischfilets
verwenden. Allerdings
schmeckt die Matelote
dann etwas weniger
herzhaft.*

Weinempfehlung:
Brouilly oder Fleurie

Matelote au vin rouge
Den Speck kleinwürfeln. Etwa
200 ml Wasser aufkochen, die
Speckwürfel darin kurz abbrühen
und abgießen. Die geschälten
Karotten in Scheiben, den Lauch
in Ringe schneiden. Etwa 2 Eßlöffel Butter erhitzen. In der Butter
anziehen lassen. Die geschälten
Zwiebeln, die ganzen Knoblauchzehen und den Speck hinzufügen.
Gut wenden, dann das Selleriekraut, die Petersilie, das Lorbeerblatt und die Pfefferschote beigeben. Den Wein nach und nach
dazugießen und bei offenem Topf
einkochen lassen.
Die Köpfe von den Fischen abschneiden. Das Fischfleisch in
große Stücke schneiden und mit
den Köpfen in 2 Eßlöffel Butter
kurz anbraten. Nach etwa
5 Minuten die Köpfe wieder
herausnehmen und die Champignons beifügen. Mit Salz und
Pfeffer bestreuen, 3 bis 4 Minuten
weitergaren, mit dem Cognac
begießen und flambieren.
Die Fischscheiben und die Champignons zur Sauce geben. Etwa
5 Minuten ziehen lassen. Das
Mehl mit der restlichen Butter
verkneten. Zur Sauce geben, gut
umrühren und bei kleiner Hitze
weiterkochen, bis die Sauce
gebunden ist.

Die Brotscheiben würfeln, in
Butter rösten und die Matelote
damit garnieren.

*Die Matelote hat ihren
Namen von den Matrosen,
den „matelots". In Frankreich
sollte man ein solches Gericht ja
nicht als Ragout bezeichnen,
ebensowenig als Fischsuppe,
denn die Zubereitung geschieht
nach gewissen Regeln, die nur
für die Matelote gelten. Meistens
wird dieses Gericht aus Flußfischen wie Aal, Hecht, Aalrutte,
Schleie und anderen gekocht.
Im Burgund nennt man dieses
Gericht auch „pochouse" und in
der Normandie verwendet man
dazu Seefische. Außerdem
ersetzt man dort den Wein durch
Cidre, also Apfelwein, und bindet
die Sauce mit Sahne. Im Elsaß
gehören auch Barsch und sogar
Forelle dazu – und natürlich
Elsässer Wein – und zum Binden
Sahne und Eigelb.*

KREBSE IM SUD

50 g Karotten
50 g Sellerie
1 Zwiebel
3–4 Petersilienzweige
1 Zweig Thymian
1 Lorbeerblatt
500 ml Weißwein
Salz
20 mittelgroße Flußkrebse
(etwa 2 kg)

Tip:
Werfen Sie die Schalen nicht weg! Sie können damit eine Krebssuppe oder eine Krebssauce zubereiten.

Variante:
In Bugey werden vor dem Anrichten der Krebse noch 100 bis 200 g Butter und 2 bis 3 Eßlöffel gehackte Petersilie in den stark eingekochten Sud gegeben und als Sauce mitserviert.

Weinempfehlung:
Chablis, Mâcon oder Pouilly-Fuissé

Ecrevisses à la nage
Die Karotten und den Sellerie in sehr kleine Würfel und die Zwiebel in Streifen schneiden. In einen hohen Topf geben. Die Petersilienzweige, den Thymian und das Lorbeerblatt beifügen. Etwa 500 ml Wasser dazugießen und 30 Minuten kochen. Abkühlen lassen, den Wein zufügen und den Sud salzen. Den Sud aufkochen und die Krebse einzeln mit dem Kopf voran in die sprudelnde Flüssigkeit geben. Je nach Größe 2 bis 3 Minuten darin kochen. Den Sud abgießen oder die Krebse im Sud in einer vorgewärmten Suppenschüssel oder im Topf servieren.

*A*uch in Frankreich werden Krebse etwas rarer. Immerhin findet man sie noch in den ländlichen und bergigen Gegenden, wo es noch saubere Bäche und kleine Seen gibt. Die feinste und gesuchteste Sorte, die mit den „pattes rouges“, den roten Füßen, gibt es noch in der Auvergne, in der Franche-Comté, in der Dauphiné und in der Umgebung von Nantua in der Bresse. Ihre Seltenheit ist nicht nur auf die Verschmutzung der Gewässer zurückzuführen, sondern auch auf Überfischung.

Krebse brauchen fünf bis sieben Jahre, um volle Größe und Qualität zu erreichen, aber die Nachfrage läßt sehr oft das Auswachsen gar nicht mehr zu. Am besten schmecken Krebse im Sud, wie im Rezept beschrieben. Je nach Gegend gibt es aber unzählige Variationen: in Aspik, mit Saucen überzogen und gratiniert, in Blätterteigpasteten mit Weinsauce, zu Mousse verarbeitet, als Garnitur zu Fischgerichten und, was sehr delikat ist, nach dem Kochen abgegossen, mit Kräutern bestreut, mit heißer Sahne begossen und nochmals kurz aufgekocht.
Krebse darf man ruhig mit den Fingern essen, wenn sie in der Schale serviert werden. Dann gehören Fingerschalen auf den Tisch. Leider muß vor dem Kochen der Darm der Krebse, ein kleiner brauner Faden, entfernt werden, der sonst dem Gericht einen bitteren Geschmack geben würde. Um diese Operation zu umgehen, kann man die Krebse vorher zwei Tage lang fasten lassen.

ENTRECOTE NACH ART VON BORDEAUX

4 große Markknochen vom Rind
100 g gehackte Schalotten
1 EL Butter
300 ml roter Bordeaux
100 ml Kalbsfond
Salz
Pfeffer aus der Mühle
300 ml Fleischbrühe
2 doppelte Entrecôtes (Zwischenrippenstücke) zu je 350–400 g
1 EL Butterschmalz
40 g frische Butter
1 TL gehackte Petersilie

Weinempfehlung:
Am besten den Wein dazu servieren, der für die Zubereitung der Sauce gewählt wurde. Aber eventuell einen älteren Jahrgang.

Entrecôte à la bordelaise
Die Markknochen etwa 1 Stunde wässern. Die Schalotten 5 Minuten unter Wenden in der Butter dünsten. Die Hälfte davon herausnehmen, den Rest im Rotwein 15 Minuten kochen, passieren und den Wein mit dem Kalbsfond stark reduzieren. Mit Salz und Pfeffer abschmecken.
Die Brühe erhitzen. Die Markknochen hineingeben, aufkochen und beiseite stellen.
Die Entrecôtes insgesamt 12 bis 15 Minuten beidseitig im Butterschmalz braten, mit Salz und Pfeffer würzen, herausnehmen und warm stellen.
Die vorbereitete Reduktion in die Pfanne geben und nochmals ein wenig einkochen. Die frische Butter kleinschneiden, unter die Sauce schwingen und gut abschmecken. Das Mark vom Knochen lösen, in Scheiben schneiden und zusammen mit den restlichen Schalotten auf dem Fleisch verteilen. Die Sauce darübergeben und mit der Petersilie bestreuen. Als Beilage passen Bratkartoffeln, Pommes frites oder ein Kartoffelgratin.

Das ursprüngliche Rezept für das Entrecôte à la bordelaise war bestechend einfach. Das Fleisch wurde auf Rebholzglut gegrillt und mit einem Stück Butter und rohen, gehackten Schalotten belegt. Später wollte man es raffinierter und belegte es mit Rindermarkscheiben, bestreut mit Petersilie. Nun hat sich aber überall eingebürgert, es mit gedünsteten Schalotten und einer Rotweinsauce zu kombinieren. Es ist aber ein Irrtum zu glauben, daß diese Sauce unbedingt mit Rotwein zubereitet werden muß. Gastronomische Puristen sagen, daß das eigentliche Rezept Weißwein aus Bordeaux enthält.
Zur Steinpilzzeit im Herbst wird ein Entrecôte in Bordeaux gerne nach der einfachen, der allerältesten Façon gebraten. Dazu kommen dann die „cèpes à la bordelaise". Dafür werden Steinpilze in dünne Scheiben geschnitten, ganz schnell in Olivenöl oder Butterschmalz „sautiert", das heißt gebraten, und zuletzt mit gehackten, leicht angezogenen Schalotten, einer Spur Knoblauch und gehackter Petersilie bestreut.

LAMMEINTOPF MIT WEISSEN RÜBEN

750 g Lammschulter
1 EL Butterschmalz
1 große, gehackte Zwiebel
2 reife, geschälte Tomaten
2 Knoblauchzehen
200 ml Weißwein
je 2–3 Petersilien- und
Kerbelzweige
300 ml Fleischbrühe
Salz
Pfeffer
500 g Kartoffeln
500 g kleine weiße Rüben

Tip:
*Anstelle der kleinen
weißen Rüben, den
„navets", kann man auch
gewöhnliche weiße Rüben
verwenden, die in unseren
Breitengraden eher zu
finden sind. Sie benötigen
allerdings eine etwas
längere Kochzeit.*

Weinempfehlung:
Crozes-Hermitage

Navarin
Das Fleisch in Würfel schneiden.
Im Butterschmalz rundum anbraten, dann aus der Pfanne nehmen. Die Zwiebel im Bratenfond
anziehen lassen. Die Tomaten
kleinschneiden. Mit dem durchgepreßten Knoblauch zu der
Zwiebel geben und 2 bis 3 Minuten mitdünsten. Mit dem Wein
ablöschen und das Fleisch wieder
hinzufügen. Petersilie und Kerbel, die Brühe sowie Salz und
Pfeffer beigeben. Zugedeckt
1 Stunde bei kleiner Hitze garen
lassen.
Die Kartoffeln schälen, je nach
Größe ganz belassen oder halbieren. Die weißen Rüben ebenfalls
putzen und in Rädchen schneiden. Beides zum Fleisch geben.
Etwa 30 bis 40 Minuten weitergaren. Wenn nötig, etwas Brühe
nachgießen. Die Gemüse sollen
weich, aber nicht verkocht
werden.
Vor dem Anrichten das Fleisch
und das Gemüse aus der Kasserolle nehmen. Den Sud durch ein
feines Sieb gießen. In den Topf
zurückgeben und bis zur Hälfte
einkochen lassen. Nach Bedarf
nachwürzen. Das Fleisch und das
Gemüse nochmals in der Sauce
erwärmen.

*Navarins werden in praktisch
allen Gegenden Frankreichs
zubereitet. Vor allem natürlich
dort, wo es Schafe gibt. Denn in
einen echten Navarin gehört
neben Rüben eben auch Schaffleisch. Heute zieht man oft das
Lamm vor, weil es geschmacklich
neutraler ist. Seinen Namen soll
das Gericht von den „navets"
haben. Diese kleine weiße Rübe
vermag übrigens, das Lammfett
zu absorbieren, weshalb sie auch
meist in diesem Gericht verwendet wird. Dazu gesellen sich, vor
allem im Frühjahr, junge Gemüse
wie Karotten, grüne Erbsen,
Zuckerschoten oder Bohnen.
Fernande Allard, die Besitzerin
des gleichnamigen Restaurants in
Paris, stellt für dieses Gericht
eigens einen hellen Fond her.
Sie kocht ihn aus einem Markknochen, Hühnerklein, Karotten,
Lauch und einer kleingeschnittenen Rübe. Die Kartoffeln werden
in diesem Fond separat gekocht.*

HÄHNCHEN MIT SENF-KÄSESAUCE

1 großes Hähnchen von etwa 1,3 kg

Zum Bestreichen:
1 EL weiche Butter
3 EL Dijon-Weißweinsenf
1 TL Paprika edelsüß
Salz
weißer Pfeffer aus der Mühle

2 EL Butterschmalz
200 ml Weißwein
200 ml süße Sahne
1 TL Mehl
1 TL Butter
100 g geriebener Käse (Gruyère oder Comté)
Butter für die Form

Tip:
Man kann auch Kaninchen auf diese Art zubereiten.

Weinempfehlung:
Beaujolais oder leichter Burgunder

Poulet à la dijonnaise
Das Hähnchen in 8 Stücke teilen. Zum Bestreichen: Die Butter, 1 Eßlöffel Senf, Paprika, wenig Salz und Pfeffer mischen. Die Fleischstücke damit bestreichen und 1 Stunde im Kühlschrank ziehen lassen.
Dann die Hähnchenstücke im Butterschmalz rundum goldgelb braten. Den Bratenfond mit dem Wein lösen. Etwa 30 Minuten bei kleiner Hitze zugedeckt schmoren lassen. Die Hähnchenstücke herausnehmen und warm stellen. Die Sauce in eine kleine Pfanne gießen. Die Sahne zugeben und unter Rühren langsam erwärmen. Das Mehl und die Butter zu einer kleinen Kugel formen, mit dem Rest des Senfs in die Sauce geben und darin auflösen. Die Sauce vom Feuer nehmen und die Hälfte des geriebenen Käses darunterziehen. Die noch warmen Hähnchenstücke in eine gebutterte Auflaufform legen und mit der Sauce übergießen. Mit dem restlichen Käse bestreuen und 8 bis 10 Minuten im vorgeheizten Backofen bei 220 °C gratinieren. In der Form mit Salzkartoffeln, Kartoffelpüree oder Nudeln servieren.

Dijon ist für seinen Senf berühmt. Eines der ersten Rezepte aus dem Burgund war bereits im 4. Jahrhundert bekannt. Allerdings betrachtete man im frühen Mittelalter Senf als Heilmittel. Erst später wurde er dann zum Gewürz, das nach und nach in unzähligen Variationen hergestellt wurde. Flaniert man heute durch die Stadt Dijon, kann man ob dieser Vielfalt ins Schwärmen geraten und leicht über den Bedarf einkaufen. Auch sieht man wunderschöne antike Senftöpfe, die man gerne besitzen möchte. Als ich einmal zu später Stunde hungrig in dieser Stadt eintraf, fand ich mit Mühe und Not noch ein kleines Restaurant, dessen Wirt bereit war, mir noch etwas Warmes zu servieren. Er brachte mir das beste Hähnchengericht, das ich je gekostet hatte. Er nannte es nach einem kulinarisch engagierten Minister „poulet Gaston Gérard". Und, wie konnte es anders sein, die Sauce war mit Senf zubereitet, und das Ganze zum Schluß mit etwas Käse überbacken. Ich versuchte, es zu Hause nachzukochen – und es gelang. Hier ist das Rezept.

Gefüllte Wachteln mit Trauben

4 Wachteln

Für die Füllung:
1 feingehackte Schalotte
3 EL Butter
50 g Weißbrot
Lebern der Wachteln oder
50 g Geflügelleber
1 EL Cognac
100 g gehacktes Geflügel-
fleisch
1 Ei
Salz, Pfeffer, Thymian
50 g Foie gras (Gänseleber)
Salz
Pfeffer
100 ml Weißwein
250 g weiße und rote
Trauben

Varianten:
*Die Wachteln lassen sich
auch kalt servieren oder
sulzen. Dazu Fertigsülze
nach Anweisung zuberei-
ten und die Wachteln
nach dem Erkalten mit
einer dünnen Sulzschicht
überziehen. Die restliche
Sülze würfeln und dazu
servieren.
Oder man brät die
Wachteln ungefüllt und
umwickelt jede mit einer
dünnen Speckscheibe.*

Weinempfehlung:
*Côtes du Rhône, z.B.
Hermitage oder Cornas*

Cailles farcies aux raisins
Die Wachteln vom Rücken her
ausnehmen lassen, ohne die Haut
zu verletzen. Auch am Hals die
Haut unversehrt lassen.
Für die Füllung: Die Schalotte in
1 Eßlöffel Butter anziehen lassen.
Das Brot in etwas Wasser einwei-
chen. Die Schalotte, das gut aus-
gedrückte Brot, die Lebern und
den Cognac in den Mixer geben
und pürieren. Mit dem Geflügelfleisch und dem verquirlten Ei
gut mischen. Mit Salz, Pfeffer
und dem Thymian würzen. Die
Wachteln mit der Masse locker
füllen. Die Gänseleber in vier
Stücke schneiden und jeweils in
die Mitte der Füllung stecken.
Die Wachteln mit Küchenfaden
zunähen. Etwa 1½ Eßlöffel Butter
in einer Bratkasserolle im Ofen
bei 220 °C erhitzen. Die Wachteln darin allseitig anbraten. Mit
Salz und Pfeffer bestreuen. Mit
gebuttertem Pergamentpapier
abdecken und 15 Minuten wei-
terbraten. Aus dem Ofen nehmen
und warm stellen. Den Faden entfernen. Den Bratenfond mit dem
Weißwein stark aufkochen. Die
Trauben in der Butter rasch anziehen lassen. Zu den Wachteln
geben. Den Bratensaft separat
servieren oder über die tranchier-
ten Wachteln verteilen.

*Wachteln sind Zugvögel.
Früher ließen sie sich im
Flachland in Frankreich von April
bis Oktober nieder, heute sieht
man sie nur noch selten. Dafür
gibt es nun Wachtelzuchten, vor
allem in der Bresse, wo Arten aus
fernöstlichen Gebieten nach allen
Regeln der Kunst aufgezogen
werden. Das Fleisch der gezüch-
teten Wachteln ist sehr zart, aber
natürlich nicht so aromatisch
wie das der wilden Arten. Eine
Wachtel wiegt zwischen 150 und
200 Gramm. Die fleischigsten
kommen aus den Dombes, einem
Landstrich im Burgund, der zwischen der Rhône, der Saône und
dem Ain liegt. Wachteln werden
in Frankreich vielerorts ähnlich
wie die ebenfalls rar gewordenen
Rebhühner zubereitet, und zwar
gebraten, gefüllt, mit und ohne
Saucen serviert. Neuerdings sind
bereits entbeinte Wachteln
erhältlich, die sich besonders gut
zum Füllen eignen. Sehr beliebt
sind auch die kleinen Wachtel-
eier, die vor allem als Garnitur
für Salate und Hors-d'œuvres verwendet werden.*

BAECKEOFE

Für 8 Personen

500 g Schweinefleisch
(Hals oder Schulter)
500 g Lammschulter
500 g Rinderbrust

Für die Marinade:
700 ml Sylvaner
2 Zwiebeln
1 Lauchstange
2 Knoblauchzehen
1 Petersilienzweig
1 Zweig Selleriekraut
1 Lorbeerblatt

50 g Gänse- oder Schweineschmalz für die Form
1 kg Kartoffeln
2 Zwiebeln
1 kleingeschnittenes
Schweineschwänzchen
1 Schweinsfüßchen nach
Belieben
2 EL gehackte, gemischte
Kräuter (Estragon, Basilikum, Kerbel, Petersilie)
Salz
Pfeffer

Tip:
*Baeckeofe macht man
immer für eine größere
Tischrunde, aufgewärmt
ist er sogar noch besser.*

Weinempfehlung:
*Elsässer Sylvaner oder
Riesling*

Elsässer Eintopf
Das Fleisch in große Würfel
schneiden.
Für die Marinade: Den Wein, die
feingeschnittenen Zwiebeln, den
geschnittenen Lauch, den durchgepreßten Knoblauch, die Petersilie, das Selleriekraut und das
Lorbeerblatt in eine Schüssel
geben und das Fleisch damit
mischen. Etwa 24 Stunden im
Kühlschrank zugedeckt marinieren.
Eine große ofenfeste Keramik-
terrine oder einen Römertopf mit
dem Schmalz ausstreichen. Die
Kartoffeln schälen und in etwa
2 mm dicke Scheiben, die Zwiebeln schälen und in Streifen
schneiden. Eine Lage Kartoffeln
in die Terrine legen. Die Fleischstücke daraufgeben. Das in Stücke
geschnittene Schwänzchen und
den zerteilten Schweinsfuß zugeben. Mit den Zwiebeln und
den Kräutern bedecken. Die restlichen Kartoffelscheiben darüber
verteilen. Jede Lage mit etwas
Salz und Pfeffer bestreuen. Mit
der passierten Marinade
begießen. Die Terrine mit einem
Teig aus Mehl und Wasser oder
mit Aluminiumfolie gut verschließen und 2 Stunden im
Backofen bei 180 °C schmoren
lassen. In der Form servieren.

*D*er Baeckeofe ist eine ganz
typische elsässische Spezialität. Lange Zeit war er, neben
der reichlich garnierten Sauer-
krautplatte, ein Sonntags- und
Festgericht, das auch zur Wein-
ernte auf den Tisch gebracht
wurde. Vielerorts allerdings, vor
allem in Eguisheim, wurde er von
den Hausfrauen am Sonntag nur
vorbereitet. Die Terrine wurde
gegen Abend zum Bäcker
gebracht, um das Gericht dort im
Backofen garen zu lassen, weil
Montag nämlich Waschtag war.
Das brävste Kind der Familie
durfte dann am Montagmittag die
Terrine wieder abholen. Dies war
eine Entlastung der Hausfrau und
gleichzeitig ein stärkendes Essen
zum Wochenbeginn. Dem Bäcker-
ofen verdankt das Gericht übrigens auch seinen Namen.
Dieses Rezept enthält drei
Fleischsorten und zusätzlich
Schwänzchen und Füßchen vom
Schwein. Es gibt im Elsaß aber
auch einfachere Varianten, die
nur Schweine- und eventuell
Lammfleisch enthalten.

POULARDE MIT TRÜFFELN IN DER SCHWEINSBLASE

Für 6 Personen

2–3 schwarze Trüffeln in
Scheiben
6 EL Madeira oder halb
Portwein und halb Cognac
1 Schweinsblase
Salz
etwas Essig
1 Poularde aus der Bresse
von etwa 2 kg
Pfeffer
2 kleingeschnittene
Karotten
1 kleingeschnittene
Lauchstange
1 Stück kleingeschnittener
Sellerie
2 kleingeschnittene Navets
(kleine weiße Rüben)
1 kleine, halbierte
Zwiebel, gespickt mit
½ Lorbeerblatt und
1 Gewürznelke
⅛ Liter Hühnerbrühe

Tip:
*Die Schweinsblase läßt
sich durch eine Bratfolie
in Schlauchform ersetzen.*

Weinempfehlung:
Moulin-à-Vent

Poularde truffée en vessie
Die Trüffeln mit dem Madeira
oder dem Portwein und dem
Cognac mindestens 1 Stunde
marinieren. Die Schweinsblase in
gesalzenes Essigwasser einlegen.
Den Hals der Poularde so abschneiden, daß etwas Haut über-
steht. Die Flügelspitzen abhacken.
Die Poularde mit der Brust nach
oben auf den Tisch legen. Mit
den Fingern unter die Haut
fahren und diese sorgfältig lösen,
auch an den Schenkeln. Die
Trüffelscheiben abtropfen lassen
und unter die Haut verteilen. Die
Marinade aufheben. Die Poularde
salzen, pfeffern und am Hals mit
Küchenfaden zunähen. Schenkel
und Flügel an den Körper binden.
Die Poularde in die Schweinsblase
geben. Mit der Öffnung nach
oben in einen Topf stellen. Karotten, Lauch, Sellerie, Rüben, die
gespickte Zwiebel, die Hühnerbrühe und die Trüffelmarinade
hineingeben. Zubinden und mit
einer Nadel etwa zehn Mal einstechen. Die Blase etwa 1¼ Stunden in gesalzenem Wasser bei
kleiner Hitze ziehen lassen, dann
herausnehmen und öffnen.
Den Saft auffangen, auf die Hälfte
einkochen und passieren.
Die tranchierte Poularde damit
begießen.

*Die Poularde en vessie habe
ich, auf diese Art zubereitet,
in Louhans in der Bresse gegessen. Die Köchin fand, daß es
schade wäre, diese kostbare Poularde wie Siedfleisch in Wasser
zu kochen. In der Schweinsblase
wird sie mit wenig Flüssigkeit
praktisch im eigenen Saft sanft
gegart, behält auf diese Art ihr
köstliches Aroma und läßt dabei
die Trüffeln zur Geltung kommen. Früher verwendete man die
Schweinsblasen auch als Behälter
für ausgelassenes Schweinefett
oder sie dienten, mit Luft gefüllt,
den Metzgern als Aushänge-
schild. Die Poularde en vessie
war eine Spezialität des sehr
bekannten, leider inzwischen
verstorbenen Fernand Point in
Vienne, wo ich sie auch einmal
kosten konnte.*

Sauerkraut nach Elsässer Art

Für 6–8 Personen

1,5 kg Sauerkraut
1 gepökelte Schweinshaxe
von etwa 600 g
600 g gepökelter
Schweinehals
300 g gepökelter Speck
300 g geräucherter Speck
50 g Gänseschmalz
1 große, gehackte Zwiebel
2 Knoblauchzehen
6 Wacholderbeeren
1 Lorbeerblatt
1/4 Liter Elsässer Riesling
oder Edelzwicker
3 Schweinswürste

Tip:
*Aus gesundheitlichen
Gründen empfiehlt es
sich, gepökeltes und
geräuchertes Fleisch,
bevor man es zum Sauer-
kraut gibt, in Wasser vor-
zukochen.*

Weinempfehlung:
*Elsässer Sylvaner oder
Riesling*

Choucroute à l'alsacienne
Das Sauerkraut etwa 10 Minuten
in kaltes Wasser legen, dann herausnehmen und zwischen den
Händen gut ausdrücken. Die
Schweinshaxe, den Schweinehals
und die beiden Specksorten in
kochendes Wasser geben und
etwa 1/2 Stunde darin leise ziehen
lassen. Das Gänseschmalz in
einem hohen Topf erhitzen. Die
Zwiebel zufügen und unter
Rühren anziehen lassen. Den
feingehackten Knoblauch zugeben und kurz mitdünsten. Die
Hälfte des Sauerkrauts locker
zufügen. Die Fleischstücke, gut
abgetropft, darauflegen und mit
dem restlichen Sauerkraut
zudecken. Die Wacholderbeeren
und das Lorbeerblatt beigeben
und mit dem Wein und 3 bis
4 Eßlöffel Wasser begießen. Die
Schweinswürste separat 20 Minuten in Wasser ziehen lassen. Mit
dem Fleisch auf dem Sauerkraut
anrichten und mit Salzkartoffeln
servieren.

*Das reich garnierte Sauer-
kraut ist eines der Parade-
pferde der elsässischen Küche.
Es wird meistens wie im Rezept
beschrieben garniert. Allerdings
mit Würsten, die bei uns selten
erhältlich sind. Die „saucisses de
Montbéliard" und die kleineren
„saucisses de Strasbourg" zum
Beispiel. Das Sauerkraut nach
Elsässer Art ist in ganz Frankreich verbreitet. Jede Brasserie,
die etwas auf sich hält, serviert
dieses Gericht auf ihre Art.
Berühmt dafür sind zum Beispiel
in Paris die Brasserien Lipp und
Hansi. In Paris gibt es außerdem
einen Elsässer namens Baumann,
der einige Brasserien besitzt und
das Sauerkraut mit Räucher-
fischen garniert. Der Pökel- und
Rauchgeschmack bleibt damit
erhalten, aber Fische sind eben
viel leichter und bekömmlicher
als Schweinefleisch. Außerdem
schmecken diese Kombinationen
erstaunlich gut. Übrigens ist
diese Idee nicht neu. Auch im
Elsaß garniert man ab und zu das
Sauerkraut mit Heringen – oder
auch mit Schnecken.*

GRÜNES HUHN

Für 6 Personen

Salz
2 Markknochen vom Rind
1 großer frischer Wirsing
1 altbackenes Brötchen
(etwa 100 g)
2 Zwiebeln
2 Knoblauchzehen
1 EL Butterschmalz
2 EL gehackte Petersilie
1 Ei
Salz, Pfeffer
Thymian, Majoran
600 g Hackfleisch vom
Schwein
2 Liter Fleischbrühe
250 g gepökelter Speck
oder Schweinefleisch
6 Karotten
2 Kohlrabi
1 Stück Sellerie
1 Lauchstange
6 Pfefferkörner

Tip:
*Man kann das Grüne
Huhn auch in Alufolie ein-
wickeln, auf ein Blech
legen und im Ofen bei
einer Temperatur von
220 °C etwa 60 Minuten
schmoren.*

Weinempfehlung:
*Côtes du Rhône, z.B.
Hermitage, Châteauneuf-
du-Pape*

Poule verte
Etwa 2 Liter Salzwasser zum
Kochen bringen. Die Markknochen zugeben. Die Wirsingblätter
vom Strunk lösen, dazugeben
und etwa 10 Minuten vorkochen.
Abgießen und sofort kalt ab-
spülen. Das kleingeschnittene
Brötchen in heißes Wasser einlegen. 1 Zwiebel hacken, 1 Knoblauchzehe durchpressen, beides
zusammen im Butterschmalz
anziehen lassen. Die Petersilie
zugeben. Etwa 1 bis 2 Minuten
mitdünsten. Das Brötchen gut
ausdrücken, mit dem ausgelösten
Rindermark, dem Ei, Salz, Pfeffer,
dem Thymian und dem Majoran
unter das Hackfleisch mischen.
Die vorgekochten Wirsingblätter
leicht übereinander auf dem
Tisch auslegen. Die Fleischmasse
in Form einer Rolle daraufgeben.
Sorgfältig einpacken und zu
einem länglichen Laib formen.
Mit Küchenfaden wie einen Braten binden. Die Brühe erhitzen,
den Speck oder das Schweinefleisch hineingeben, 20 Minuten
zugedeckt kochen. Abschäumen,
die geschälten Karotten, den
Kohlrabi, den Sellerie, den
Lauch, die restliche Zwiebel, den
restlichen Knoblauch, die Pfefferkörner, die restlichen Wirsingblätter und das Grüne Huhn

zugeben. Zugedeckt etwa
45 Minuten auf kleinem Feuer
garen.
Die Poule verte in Scheiben
schneiden, und das Gemüse mit
dem Speck oder dem Fleisch dazulegen. Die Brühe als Suppe vorher essen oder für den nächsten
Tag aufbewahren und zusammen
mit dünnen, getrockneten Brotscheiben servieren.

*Dies ist ein altes Rezept aus
der Gegend von Albi. Es
stammt aus der Zeit, als selbst am
Sonntag nicht jeder Bauer ein
Huhn im Topf haben konnte. So
versuchte man mit dem, was man
hatte, ein festliches Gericht zu
zaubern. Toulouse Lautrec, der
berühmte Maler, wurde 1864 in
einem feudalen Haus in dieser
mittelalterlichen Stadt geboren.
Sein Geburtshaus ist heute
Museum und allemal eine Besich-
tigung wert. Toulouse Lautrec
interessierte sich fürs Kochen
und hinterließ ein Rezeptbuch
mit dem Titel „La cuisine de
Monsieur Momo". Von ihm
stammt auch die Poule verte.*

KANINCHEN MIT ZWETSCHGEN

Für 6 Personen

Für die Marinade:
1 Karotte
1 Stück Sellerie
1 Zwiebel
2 Petersilienzweige
6 Pfefferkörner
1 kleiner Zweig Thymian
1 Lorbeerblatt
2 Gewürznelken
600 ml Weißwein
50 ml Weißweinessig

1 Kaninchen von etwa
1,5 kg, in Rücken und
Schenkel zerteilt
1 EL Butterschmalz
150 g Dörrzwetschgen
5 EL Armagnac
100 g Perlzwiebeln
1 TL gehackter Thymian
2 TL Senf
1 EL Johannisbeergelee
Salz
1 Prise Cayennepfeffer
30 g Butter

Weinempfehlung:
Saint-Emilion

Lapin aux pruneaux
Für die Marinade: Karotte, Sellerie und Zwiebel grob hacken und zusammen mit den Gewürzen, dem Wein, dem Essig und dem Fleisch in eine Schüssel geben. Etwa 24 Stunden kühl stellen. Die Fleischstücke abtrocknen und im Butterschmalz anbraten. Die Marinade passieren. Die Zwetschgen in Armagnac einlegen. Die Perlzwiebeln zum Fleisch geben und leicht anbraten. Etwa 400 ml Marinade zugeben und 30 Minuten schmoren lassen. Die Zwetschgen mit dem Armagnac zugeben und etwa 20 Minuten weiterkochen. 2 bis 3 Zwetschgen herausnehmen und mit 50 ml Sauce im Mixer pürieren. Das Fleisch und die Zwiebeln herausnehmen und warm stellen. Das Püree in die Sauce einrühren und sämig einkochen. Mit dem Thymian, dem Senf, dem Gelee, Salz und Cayennepfeffer pikant abschmecken. Die Butter stückweise unter Rühren zufügen. Die Sauce über das Fleisch geben.

*D*ieses Rezept stammt aus der Gascogne, der Heimat des Armagnacs, wo man Geflügel- und Hasengerichte gerne einen Schuß dieses edlen Getränks zugibt, um sie abzurunden. Der Armagnac entstand im 17. Jahrhundert und wird aus Weißweinen gebrannt, zum Beispiel Picpoul, Saint-Emilion, Jurançon und Colombard. Den farblosen, jungen Armagnac läßt man in Eichenfässern altern, wodurch er seine schöne Amberfarbe und sein spezielles Aroma bekommt. Armagnac gibt es in verschiedenen Altersstufen, die auch auf den Preis einen großen Einfluß haben.
Die Einheimischen in der Gascogne trinken den Aramagnac auch gern jung. So offerierte mir André Daguin in seinem Hôtel de France diesen Branntwein als Digestif im typischen, konisch geformten Schnapsglas, das man nicht auf dem Tisch abstellen kann. Man muß es in einem Zug austrinken, so ist es Brauch. Besonders empfiehlt sich dieses Gläschen nach einem üppigen Mahl, wie es in der Gegend gerne serviert wird.

KALBSSTEAKS MIT ROQUEFORTSAUCE

40 g Roquefort
40 g Butter
Pfeffer aus der Mühle
1 EL Cognac
4 Kalbskoteletts oder
Kalbssteaks à 150 g
Salz
1 EL Butterschmalz
2 EL Weißwein
200 ml süße Sahne
Butter für die Form

Tip:
*Nach dem Gratinieren
mit Walnußkernen oder
gerösteten Haselnuß-
scheiben bestreuen.*

Weinempfehlung:
Saint-Emilion

Côtes de veau au Roquefort
Den Roquefort mit einer Gabel zerdrücken. Die bei Küchentemperatur weich gewordene Butter damit gut vermengen. Mit viel Pfeffer aus der Mühle und dem Cognac mischen. Die Fettschicht am Rand der Kalbskoteletts oder der Steaks leicht einschneiden, damit sie sich beim Braten nicht zusammenziehen. Das Fleisch salzen und beidseitig rasch im Butterschmalz anbraten. Aus der Pfanne nehmen und warm stellen. Den Bratenfond mit dem Weißwein gut lösen und etwas einkochen lassen. Die Sahne zufügen. Eine Gratinform oder 4 feuerfeste Förmchen mit der Butter ausstreichen. Die Fleischstücke hineingeben und mit der Sahnesauce begießen. Im vorgeheizten Backofen bei 220 °C 5 bis 10 Minuten überbacken. Kurz aus dem Ofen nehmen. Mit der Roquefort-Mischung belegen und nochmals in den Ofen schieben, bis der Käse zerlaufen ist. Sofort in der Form servieren. Dazu paßt Kartoffelpüree.

Der Roquefort wird nach jahrhundertealter Tradition aus Sauermilch vom Schaf und dem Pilz von Roggenbrot, der nur in Roquefort gedeiht, hergestellt. Der Pilz wird der Milch in pulverisierter Form beigefügt, man läßt sie zehn Tage im Keller ruhen und dann erst kommt das Ganze in die „caves", die einer Krypta ähnlichen Höhlen des Mont Combalou. Zuvor wird, um die Schimmelbildung zu fördern, der Käselaib hundertmal eingestochen und auf Eichenholzgestelle gelegt. Je nach Saison und der Herkunft der Milch verlangt er mehr oder weniger Feuchtigkeit und entsprechende Reifezeit. Nach 20 bis 25 Tagen hat sich die blaue Äderung gebildet. Danach muß der Käse, in Alufolie eingepackt, noch drei bis vier Monate nachreifen. Kein Wunder, daß auch die Köche diesen aromatischen Käse schätzen. Sie bereiten damit Saucen zu, die vor allem gut zu Kalbfleisch passen. Eine besonders gute Roquefortsauce habe ich bei André Daguin im Hôtel de France in Auch in der Gascogne gegessen. Ich habe in diesem Rezept versucht, sie nachzukochen.

COQ AU VIN

1 Hähnchen von etwa
1,4 kg mit Hals und
Innereien
12 Perlzwiebeln
100 g frische Champignons
80 g magerer Speck
1 Karotte
2 EL Butter
1 Zweig Selleriekraut
2–3 Petersilienzweige
1 Lorbeerblatt
1 TL gehackter Thymian
1 Knoblauchzehe
450 ml kräftiger Rotwein,
z.B. Burgunder
100 ml Hühnerbouillon
3 EL Cognac
Salz, Pfeffer, Muskatnuß
40 g frische Butter nach
Belieben

Tip:
*Dieses Gericht läßt sich
sehr gut am Vortag zube-
reiten. Es wird durch das
Stehenlassen in der Sauce
noch schmackhafter. Allerdings empfiehlt es sich, in
diesem Fall die Kochzeit
etwas zu reduzieren, da
das Fleisch beim Aufwär-
men weitergart.*

Weinempfehlung:
*Roter Burgunder, z.B.
Côte-de-Nuit*

Hähnchen in Rotweinsauce
Das Hähnchen in 8 Stücke teilen.
Die Perlzwiebeln schälen. Die
Champignons putzen und vier-
teln. Den Speck in feine Streifen
schneiden, die Karotte schälen
und in Scheiben schneiden.
Die Hähnchenstücke in der
Butter anbraten, dann aus der
Kasserolle nehmen. Den Speck,
die Perlzwiebeln und die Cham-
pignons im Bratenfond anziehen
lassen. Nach 5 Minuten heraus-
nehmen. Das Fleisch wieder in
die Pfanne geben, die Karottenscheiben, das Selleriekraut, die
Petersilie, das Lorbeerblatt, den
Thymian und den durchgepreßten Knoblauch zufügen. Kurz mitdünsten. Mit der Hälfte des
Weins ablöschen. Aufgedeckt
10 Minuten köcheln lassen. Die
Bouillon zugeben und zugedeckt
15 Minuten schmoren. Den
Speck, die Perlzwiebeln und die
Champignons wieder beifügen.
Etwa 5 Minuten mitkochen. Die
Hähnchenstücke herausnehmen
und warm stellen. Den restlichen
Wein zur Sauce geben und bis
zur Hälfte einkochen lassen. Mit
dem Cognac, Salz, Pfeffer und
Muskatnuß abschmecken.
Nochmals etwas einkochen
lassen. Nach Belieben die frische
Butter kleinschneiden und unter

die Sauce rühren. Auf dem
Fleisch anrichten.
Als Beilage passen Nudeln oder
Salzkartoffeln. Man kann den
Coq au vin auch mit Knoblauch-
croûtons garnieren.

*E*in bekannter Küchenchef
*aus Frankreich, Fachlehrer
und Mitglied der Académie Culi-
naire de France, schenkte mir vor
Jahren ein kleines Büchlein, das
er verfaßt hatte. Er war darin
der Geschichte des Coq au vin
nachgegangen und hatte über
50 Rezepte für dieses Gericht
gesammelt. In seinem kleinen
Werk steht, daß viele Regionen
Frankreichs sich darum streiten,
die Heimat dieser Spezialität zu
sein. Er aber fand heraus, daß
der Coq au vin aus der Auvergne
stammt. Dies gehe aus dem
Rezept eines „Maistre Bertrand"
hervor, das in der Auberge du
Temple de Mercure auf dem
Gipfel des Puy de Dôme aufge-
funden wurde. In Altfranzösisch
wird darin beschrieben, wie der
„coq" erstmals mit dem Vin de
Chanturgue zubereitet wurde.
Auch heute noch kann man fest-
stellen, daß jede Weingegend ihr
Hähnchen in Weinsauce hat.*

LAMMKEULE MIT ROSMARIN

1,2 kg Lammkeule mit
Knochen
2–3 EL Rosmarinnadeln
Salz
schwarzer Pfeffer aus der
Mühle
2 EL Olivenöl
2 Karotten
1 Zweig Selleriekraut
2 Tomaten
1 Lorbeerblatt
2 ungeschälte Knoblauch-
knollen
250 ml Weißwein

Tip:
*Zum Spicken des Fleisches
starke Rosmarinnadeln
oder getrocknete verwen-
den, damit sie in das
Fleisch gesteckt werden
können.*

Weinempfehlung:
Bandol

Gigot d'agneau au romarin
Die Keule in Abständen von
etwas 2 bis 3 cm mit der Spick-
nadel einstechen. In jede kleine
Öffnung eine Rosmarinnadel
stecken, Fleisch mit Salz und
Pfeffer bestreuen. Die Keule in
Olivenöl im Backofen bei 180 °C
langsam auf allen Seiten anbraten.
Die Karotten, das Selleriekraut,
die halbierten Tomaten und das
Lorbeerblatt hinzufügen. Die
Knoblauchknollen quer halbieren, ungeschält, mit der Schnittfläche nach unten, beigeben und
mit dem Fleisch 45 bis 50 Minuten braten. Nach und nach den
Wein beigeben. Das Fleisch bei
offener Türe des abgestellten
Ofens etwa 10 Minuten ruhen
lassen. Den Bratensatz mit 3 bis
4 Eßlöffel Wasser lösen, stark aufkochen und in einer Saucière
anrichten. Das tranchierte Fleisch
mit etwas Fleischsauce beträufeln. Die Karotten halbieren und
mitservieren. Das Knoblauch-
püree aus der Schale drücken.
Durch das Schmoren hat der
Knoblauch seinen aggressiven
Geschmack verloren und
schmeckt wunderbar zum Lamm.

*I*n Frankreich gibt es Gegenden, wo besonders hervor-
ragendes Lamm produziert wird.
Eine davon ist die Haute-Provence in der Nähe von Sisteron.
Diese Lämmer sind von früh bis
spät auf den nach Kräutern
duftenden Weiden unterwegs.
Mit dem Gras fressen sie auch
die wild wachsenden Provence-
kräuter wie Majoran, Thymian,
Bohnenkraut und viele andere.
So wird ihr Fleisch auf natürliche
Art parfümiert. Das beste Lamm
meines Lebens habe ich vor
sieben Jahren im Restaurant von
Monsieur Gleize in Château-
Arnoux gegessen. Ein Familien-
betrieb, der heute vom Sohn des
Hauses im gleichen Sinne weiter-
geführt wird. Natürlich verlangt
auch qualitativ hervorragendes
Lamm eine fachgerechte Zubereitung. Es muß mit Sorgfalt „à
point" oder „saignant" gebraten
werden. In Frankreich liebt man
Lammfleisch blutig, und so tut
man gut daran, beim Bestellen
darauf hinzuweisen, daß man es
nicht gar so rot haben möchte.

OCHSENBRUST NACH ART VON ARLES

Für 6 Personen

Salz, Pfeffer
1 Zwiebel, gespickt mit
1 Lorbeerblatt und
1 Gewürznelke
2 Knoblauchzehen
1 Lauchstange
1 Zweig Stangensellerie
2 Karotten
1 Petersilienzweig
1,2 kg magere
Ochsenbrust

Für die Sauce:
4 Sardellenfilets
100 g junger Spinat
4 EL gehackte gemischte
Kräuter (Basilikum,
Majoran, Rosmarin, Salbei)
1/4 TL Fenchelkörner
1 TL gehacktes Bohnen-
kraut
2 EL Kapern
2 Cornichons
4 Petersilienzweige
3 hartgekochte Eier
4 EL Olivenöl
1 EL Weinessig
Salz, Pfeffer
1 durchgepreßte Knob-
lauchzehe

Tip:
*Die Eiweiße können fein-
gehackt der Sauce beige-
fügt werden.*

Weinempfehlung:
*Vin des Sables
(Rosé aus Sète)*

Poitrine de bœuf aux herbes
Etwa 2 Liter Wasser mit Salz,
Pfeffer, der geschälten und
gespickten Zwiebel, den unge-
schälten Knoblauchzehen, der
geputzten, halbierten Lauchstange, dem Stangensellerie-
zweig, den geschälten Karotten
und dem Petersilienzweig aufkochen. Das Fleisch hineingeben
und zugedeckt 2 bis 2½ Stunden
kochen. Von Zeit zu Zeit abschäumen und, wenn nötig, Wasser nachgießen, damit das Fleisch
immer bedeckt ist.
Für die Sauce: Die Sardellenfilets
15 Minuten in kaltes Wasser
legen. Den Spinat waschen, abtropfen lassen und mit 3 bis 4 Eßlöffel Brühe von der Ochsenbrust
aufkochen. Die Kräuter, die Fenchelkörner und das Bohnenkraut
zugeben und den Topf vom Feuer
nehmen. Den Spinat mit den
Kräutern abgießen und mit dem
Wiegemesser fein hacken. Die
Kapern, die Sardellenfilets, die
Cornichons und die Petersilie
ebenfalls hacken. Die Eier halbieren, das Eigelb herausnehmen
und durch ein Teesieb in eine
Schüssel drücken. Das Öl unter
Rühren langsam zugeben wie bei
der Zubereitung einer Mayonnaise. Die Kapern, die Petersilie,
den Spinat mit den Kräutern, die

Sardellen und die Cornichons
zufügen. Alles gut mischen. Mit
dem Essig, Salz, Pfeffer und dem
Knoblauch abschmecken. Die
Ochsenbrust warm oder kalt in
Tranchen schneiden. Wenn das
Fleisch kalt aufgetragen wird,
empfiehlt es sich, es bis zum Servieren in der Brühe zu belassen,
damit es sich nicht verfärbt. Die
Sauce separat dazu servieren.

*W*er die Camargue bereist,
sieht nicht nur Flamingos
und Pferde. Dort gibt es auch die
kleinen schwarzen Stiere, die
zum Kampf in den Arenen von
Nîmes und Arles eingesetzt
werden. Doch nicht allein dafür
werden sie gezüchtet und von
den „gardians", den Viehhirten,
gehegt und gepflegt. Das kräftige
Fleisch dieser Tiere wird meistens in Rotwein zu einer
„daube" geschmort oder aber,
wie in diesem Rezept, wie Siedfleisch gekocht. Der Kochsud dieses gehaltvollen Fleisches läßt
sich zudem sehr gut als Suppe
servieren. Erstmals gegessen
habe ich es auf diese Art in Arles,
im berühmten Le Vaccarès, wo
eine pikante Sauce dazu gereicht
wurde.

Lammkeule nach Art des Doktors

10 cl Cognac
Salz
weißer Pfeffer
2 durchgepreßte
Knoblauchzehen
1,2 kg Lammkeule mit
Knochen
1 Liter kräftiger Bordeaux
2 EL Olivenöl
½ TL Thymian
1 Prise Muskatnuß
4 Wacholderbeeren
1 Lorbeerblatt
1 TL Puderzucker
1 TL Speisestärke

Variante:
*Man kann auch eine
ausgebeinte, gerollte
Lammschulter auf diese
Art zubereiten.*

Weinempfehlung:
Haut-Médoc

Gigot du docteur
Den Cognac, wenig Salz und
Pfeffer sowie den Knoblauch
mischen. Die Keule mit der
Mischung bestreichen, in Folie
wickeln und 1 Tag im Kühl-
schrank lassen. Den Wein, das
Olivenöl, den Thymian, etwas
Muskatnuß, die leicht zerdrückten
Wacholderbeeren, das Lorbeer-
blatt, den Puderzucker und wenig
Salz und Pfeffer gut mischen. Die
Keule in diese Marinade legen.
Zweimal täglich wenden. Etwa
5 bis 7 Tage marinieren lassen.
Die Keule sollte immer mit Flüssig-
keit bedeckt sein. Eventuell etwas
Wein nachgießen. Die Keule aus
der Marinade nehmen, gut abtropfen lassen und mit Küchenpapier abtupfen. Langsam am
Spieß oder im Ofen „saignant"
(30 bis 35 Minuten) oder „à
point" (40 bis 45 Minuten) grillen.
Wenn beim Grillen im Freien kein
Spieß vorhanden ist, die Keule in
Aluminiumfolie einpacken und
die Grillzeit um 10 bis 15 Minuten verlängern. Am besten
benützt man dazu ein Braten-
thermometer.
Die passierte Marinade bis zur
Hälfte einkochen lassen, die
Speisestärke mit wenig Wasser
verrühren und die Sauce damit
binden.

*D*ieses Rezept verdanke ich
einem Arzt in Bordeaux, der
einen ganz besonderen Trick
anwendete, um dem Lammfleisch
möglichst viel Würze zu verleihen.
Er mischte den Cognac, Salz,
Pfeffer und den durchgepreßten
Knoblauch und verpaßte der
Lammkeule mit dieser Mischung
in regelmäßigen Abständen Injek-
tionen. Und ich muß sagen, daß
diese Methode bestens wirkte.
Außerdem verwendete er ausschließlich „Pré-salé"-Lamm, wie
es sie in der Umgebung von
Bordeaux gibt. Diese Lämmer
weiden auf Wiesen, die bei Flut
vom Meer überspült sind. Dies
verleiht dem Fleisch dieser Tiere
einen leichten Salzgeschmack.
Durch einen kräftigen, nicht
unbedingt sehr teuren Rotwein
aus Bordeaux wird die Sauce sehr
gehaltvoll. Es ist ein Irrtum,
hervorragende Jahrgänge und
Provenienzen zum Kochen zu
verwenden. Ein alter, ausgezeichneter Wein mag oft die Hitze im
Topf nicht mehr ertragen, obwohl
er im Glas noch wundervoll sein
kann. Deshalb ist es wichtig, für
die Sauce einen körperreichen,
jüngeren Wein auszusuchen, der
ihr neben dem Aroma auch Farbe
verleihen kann.

KUTTELN NACH ART VON CAEN

Für 6 Personen

1,2 kg rohe, gemischte Kutteln
2 Kalbsfüße
1 Speckschwarte
250 g geviertelte Zwiebeln
4 gehackte Knoblauch-zehen
4 Gewürznelken
2 Lorbeerblätter
1 EL Wacholderbeeren
Thymian
Salz
Pfeffer
¼ Liter Cidre (Apfelwein)
½ Liter Fleischbrühe
500 g Lauch
250 g Karottenscheiben
4 EL Calvados
1 EL Zitronensaft
1 Messerspitze Cayennepfeffer

Tip:
Bei vorgekochten Kutteln muß die Garzeit um insgesamt 1 Stunde reduziert werden.

Getränkempfehlung:
Cidre und Calvados

Tripes à la mode de Caen
Die Kutteln in Vierecke von 4 cm Seitenlänge schneiden. Die Kalbsfüße in einen irdenen Schmortopf oder in einen Römertopf legen. Die Hälfte der Kutteln, die Speckschwarte, die Zwiebeln, den Knoblauch, die Gewürznelken, die Lorbeerblätter, die Wacholderbeeren und den Thymian darüber verteilen. Salzen, pfeffern und mit den restlichen Kutteln bedecken. Den Apfelwein und die Brühe darübergeben. Die Kutteln sollen mit der Flüssigkeit bedeckt sein. Ein Stück Aluminiumfolie über den Topf legen. Mit dem Deckel gut verschließen. Bei 160 °C etwa 3 Stunden schmoren lassen.
Die Lauchstangen quer halbieren und je 3 davon zu Bündeln binden. Den Topf öffnen. Die Karottenscheiben und die Lauchbündel zugeben. Wenn nötig, noch etwas Fleischbrühe oder Wasser nachgießen, damit die Kutteln mit dem Sud bedeckt sind. Sofort wieder schließen.
Etwa 2 Stunden weiterschmoren. Das Gericht mit Salz und Pfeffer würzen, den Calvados beifügen, gut schließen und nochmals 1 weitere Stunde garen. Dann das Fett von der Brühe abschöpfen. Die Kutteln, den Lauch und die Karotten anrichten. Den Sud passieren, den Zitronensaft und den Cayennepfeffer beigeben. Stark aufkochen lassen und über die Kutteln gießen.

Kutteleintöpfe waren schon in der Antike bekannt. Im Mittelalter wurden sie auf langweilige und primitive Art zubereitet, bis dann im 14. Jahrhundert in Caen ein kulinarisches Genie mit Namen Benoît sich mit ganzer Seele der Kochkunst verschrieb und unter anderem auch den desolaten Eintopf verbesserte. Er verhalf ihm in seiner Heimatstadt zu Würze und Ansehen. Bald wurden allenthalben die Kutteln „à la mode de Caen" serviert, manchmal sogar auf silbernen Stövchen, die gar nicht zu diesem rustikalen Gericht passen wollten. Mit der raffinierten Zubereitung kam auch das „Nationalgetränk" der Normandie, der Cidre, und später auch der Calvados zu Ehren. Um dieses Gericht in perfekter Zubereitung zu kosten, muß man heute nicht bis in die Normandie fahren. In Paris habe ich diese Kutteln unter anderem ganz echt im Bistro Pharamond auf einem kleinen schmiedeeisernen Rechaud serviert bekommen.

LYONER KALBSKOTELETT
KALBSBLANKETT

LYONER KALBSKOTELETT
500 g Zwiebeln
1 TL Zucker
2 EL Butter
250 ml Weißwein
100 ml süße Sahne
Salz
Pfeffer
1 Karotte
½ Lauchstange
(oberer, grüner Teil)
4 Kalbskoteletts
1 EL Butterschmalz
2 EL Noilly Prat (herber Wermut)

Weinempfehlung:
Brouilly oder Morgon

KALBSBLANKETT
600 g Kalbsschulter oder -brust
1 große Zwiebel
150 ml Weißwein
100 ml Fleischbrühe
1 Karotte
1 Lorbeerblatt
1 Zwiebel, gespickt mit
1 Gewürznelke
30 g Butter
1 EL Mehl
100 ml süße Sahne nach Belieben
Salz, Pfeffer
Rosmarin, Thymian
1 Eigelb

Weinempfehlung:
Weißer Mâcon

LYONER KALBSKOTELETT
Côte de veau à la lyonnaise
Die Zwiebeln schälen und grob schneiden. Mit dem Zucker in der Butter anziehen lassen. Mit dem Weißwein begießen und zugedeckt schmoren lassen. Sobald die Zwiebeln weich sind, im Mixer pürieren oder durch ein feines Sieb streichen. Das Zwiebelpüree mit der Sahne in eine Pfanne geben. Unter Rühren langsam eindicken lassen. Mit Salz und Pfeffer würzen. Die Karotte und den Lauch in sehr feine Streifen schneiden. Die Koteletts im Butterschmalz beidseitig kurz anbraten. Die Gemüsestreifen zufügen. Anziehen lassen und mit dem Wermut ablöschen. Halb zugedeckt 10 Minuten schmoren lassen. Die Gemüsestreifen herausnehmen und beiseite stellen. Das Fleisch aus der Kasserolle nehmen und in eine Gratinplatte legen. Den Bratenfond zum Zwiebelpüree gießen und vermischen. Über das Fleisch verteilen. Die Gemüsestreifen darüberstreuen. Unter der Grillschlange des Ofens ganz kurz gratinieren. Die Zwiebelsauce darf nur einzelne, kleine braune Flecken bekommen.

KALBSBLANKETT
Blanquette de veau
Das Kalbfleisch in große Würfel schneiden. Die feingeschnittene Zwiebel darübergeben. Mit dem Weißwein und der Brühe begießen. Die der Länge nach geteilte Karotte, das Lorbeerblatt und die gespickte Zwiebel zugeben und etwa 45 Minuten auf kleinem Feuer garen. Die Butter und das Mehl zu einer Kugel verarbeiten. In den Sud geben, gut rühren und sämig kochen. Nach Belieben mit der Sahne verfeinern und gut mit Salz, Pfeffer, Rosmarin und Thymian würzen. Das Eigelb verquirlen, etwas Sauce dazugeben und unter Rühren der Blanquette beifügen. Erhitzen, aber nicht kochen und sofort anrichten.

*D*ie Blanquette de veau wird der Ile-de-France zugeschrieben. Es mag sein, daß sie dort entstanden ist. Jedenfalls begegnet man ihr in allen Pariser Bistros, wo die Sauce meistens zu dick gerät. Sollte dies bei der Zubereitung passieren, kann man sie ohne Probleme vor Beigabe des Eies verdünnen. Dann sieht das Gericht appetitlich aus und schmeckt herrlich.

LAMMRÜCKEN
MIT KRÄUTERKRUSTE

Für 6 Personen

je 1 EL gehackte Kräuter
(Rosmarinnadeln, Basili-
kum, Thymian, Majoran,
Bohnenkraut)
1 TL Fenchelkörner
4 EL Olivenöl
3 durchgepreßte Knob-
lauchzehen
schwarzer Pfeffer aus der
Mühle
Muskatnuß
1 Lammrücken von etwa
1,8 kg
Salz
250 g geschälte Tomaten
1 Lorbeerblatt
1 Prise Zucker
2 EL Butter
50 g geriebenes Baguette
(franz. Stangenweißbrot)
oder Paniermehl
3 EL gehackte Petersilie
2 EL Weißwein

Tip:
Beim Tranchieren das
Fleisch am Knochen
entlang zuerst senkrecht,
dann waagrecht auf
dem Brett in 1 cm dicke
Scheiben schneiden.

Weinempfehlung:
Petite Syrah,
Côtes de Provence

Selle d'agneau à la provençale
Die Kräuter und die Fenchelkörner mischen. Die Hälfte davon
mit dem Olivenöl, 2 durchgepreßten Knoblauchzehen,
2 Umdrehungen schwarzem
Pfeffer und 1 Prise Muskatnuß
mischen. Das Fleisch mit dieser
Marinade bestreichen und
mindestens 6 Stunden im Kühlschrank ziehen lassen. Den Ofen
auf 240 °C vorheizen. Den Lammrücken salzen und in eine feuerfeste Form legen. Etwa 35 Minuten braten. Sobald das Fleisch
schön braun ist, mit Aluminiumfolie abdecken. Etwa 10 Minuten
vor Ende der Bratzeit 2 Eßlöffel
Fett aus dem Bratenfond herausnehmen, die Tomaten kleinschneiden und zusammen mit
dem Lorbeerblatt, dem Zucker
und dem restlichen Knoblauch
darin 5 Minuten dünsten. Die
Butter erhitzen. Das Paniermehl
und die Petersilie mit dem Rest
der Kräutermischung beifügen.
Unter Wenden 2 bis 3 Minuten
anziehen lassen. Mit den Tomaten mischen. Salz und Pfeffer
zugeben und abkühlen lassen.
Das Lorbeerblatt entfernen und
die erkaltete Mischung über den
Lammrücken verteilen. Unbe-
deckt 5 bis 10 Minuten bei Oberhitze leicht anbräunen lassen.

Den Ofen abstellen und das
Fleisch vor dem Servieren
10 Minuten darin belassen. Den
Bratenfond mit dem Weißwein
lösen und kurz aufkochen. Dazu
passen grüne Kernbohnen.

Der Begriff „à la provençale"
hat sich auf der ganzen Welt
eingebürgert, obwohl es viele
Gerichte mit dieser Bezeichnung
gibt, die nicht mit der typischen
Kräutermischung aus dieser
Gegend zubereitet werden. Vieler-
orts, auch im Ausland, kann man
diese berühmten „herbes de
Provence" getrocknet in hübschen
Keramiktöpfen kaufen. Die klassi-
sche Mischung besteht aus
Rosmarin, Majoran, Thymian,
Salbei, Fenchel, Basilikum und
Bohnenkraut. Sie können sehr gut
für dieses Lammgericht verwen-
det werden, wenn keine frischen
Kräuter vorhanden sind.
Ich lasse manchmal das Panier-
mehl weg, dünste die Kräuter
und die Tomatenwürfel in feinem
Olivenöl und gebe diese
Mischung erst vor dem Servieren
über das Fleisch. Das ist nicht
ganz echt, aber leichter und
farblich sehr schön.

HÄHNCHEN IN VIN JAUNE

50 g getrocknete oder
200 g frische Morcheln
1 großes, ausgenommenes
Hähnchen oder eine
Poularde aus der Bresse
(mit Innereien)
1 Karotte
1 Zweig Stangensellerie
2 EL Butterschmalz
2 EL gehackte Schalotten
Salz
Pfeffer
300 ml Vin jaune
oder trockener Sherry
¼ Liter süße Sahne

Tip:
*Bei Verwendung von
frischen Morcheln, diese
gut waschen, kurz in Salzwasser abbrühen und wie
im Rezept beschrieben
weiterverarbeiten.*

Weinempfehlung:
Vin jaune oder Beaujolais

Coq au vin jaune
Die getrockneten Morcheln in
kaltes Wasser einlegen, so daß
alle bedeckt sind. Nach 5 Minuten gut waschen, damit kein Sand
zurückbleibt. Nochmals einlegen
und 30 Minuten stehen lassen.
Das Hähnchen oder die Poularde
in 8 Stücke zerteilen, den
Rückenknochen und den Hals
beiseite legen. Den Magen, die
Leber und das Herz putzen. Die
Karotte grob hacken. Den Sellerie
in kleine Stücke schneiden. Den
Rückenknochen des Hähnchens
in Stücke schneiden. Mit dem
Hals, dem Magen und den anderen Innereien in 1 Eßlöffel Butterschmalz anbraten. Die Schalotten,
die Karotte und den Sellerie zufügen. Kurz mitdünsten. Mit Salz
und Pfeffer würzen. Mit der
Hälfte des Weins ablöschen und
etwa 30 Minuten garen, dann
abgießen und den Fond aufheben.
Die Morcheln durch ein Sieb
geben. Das Einlegewasser durch
einen Papierfilter gießen und aufheben. Die Hähnchenstücke im
restlichen Butterschmalz leicht
anbraten. Die Morcheln unter
Wenden kurz mitdünsten. Mit
dem vorbereiteten Fond ablöschen. Das Einlegewasser der
Morcheln zugeben. Bei kleiner
Hitze 35 Minuten garen lassen.

Den restlichen Wein nach und
nach zufügen. Die Hähnchenstücke mit den Morcheln in ein
Sieb geben und warm stellen. Die
Sauce auf ein Drittel einkochen.
Die Sahne zufügen und sämig
werden lassen. Nach Bedarf nachwürzen und über dem Geflügel
anrichten.

*Bei Fahrten ins Burgund
machte ich sehr oft einen
Halt in Arbois, wo das Haus von
Louis Pasteur steht, der sinniger-
weise einmal den Wein als das
gesündeste und sauberste
Getränk bezeichnet hat. Wahrscheinlich schätzte er bereits
damals den Vin jaune aus dem
Jura, der ähnlich wie ein Fino
Sherry hergestellt, aber nicht auf-
gespritet wird, sondern mindestens sechs Jahre im Faß reift. In
Arbois sagt man, der Vin jaune
sei der seltenste und kontrollier-
teste Wein der Welt und auch der
einzige, der fünf Winzergenera-
tionen lang trinkbar bleibe. Auch
in der Sauce wirkt er wunderbar.*

BOHNENEINTOPF NACH ART DES LANGUEDOC

400 g weiße Bohnen
Salz
400 g Lammschulter
ohne Knochen
150 g Schweinefleisch
90 g Brustspeck
30 g Gänse- oder
Schweineschmalz
6 Knoblauchzehen
1 Kräutersträußchen
(Lorbeer, Petersilie, Kerbel)
Pfeffer
1 gehackte Zwiebel
3 EL Olivenöl
400 g reife, geschälte
Tomaten
1 Prise Zucker
4 Schweinswürstchen,
wenn möglich mit
Knoblauch
50 g geriebenes Brot
2 EL gehackte Petersilie

Tip:
*Am besten gelingt dieses
Gericht im gußeisernen
Bräter oder in einem
feuerfesten Tontopf.
Man kann auch nur
Schweinefleisch verwen-
den und Gänsestücke oder
Schinken beifügen.*

Weinempfehlung:
*Corbières oder Cabanes de
Fitou*

Cassoulet de Castelnaudary
Die Bohnen am Vorabend in warmes Wasser (am besten Mineralwasser) einlegen. Je nach Art der
Bohnen 1 bis 1½ Stunden im Ein-
weichwasser knapp gar kochen.
Erst nach 1 Stunde Kochzeit salzen.
Das Fleisch und den Speck in
große Würfel schneiden und in
der Hälfte des Schmalzes anziehen lassen. Die Bohnen und den
durchgepreßten Knoblauch zufügen. Mit heißem Wasser auffüllen, bis alles davon bedeckt ist.
Das Kräutersträußchen beigeben
und mit Salz und Pfeffer würzen.
Etwa 1 Stunde bei ganz kleiner
Hitze schmoren lassen. Etwas
Kochsud herausnehmen und aufheben. Inzwischen die Zwiebel
im Öl leicht dünsten. Die Tomaten entkernen, kleinschneiden,
beifügen und etwa 20 Minuten
garen lassen. Mit Salz, Pfeffer
und dem Zucker abschmecken.
Im Mixer pürieren. Die Schweinswürstchen im eigenen Fett rasch
anbraten. Das Fleisch, die Bohnen
und die in Räder geschnittenen
Würste in einen gußeisernen
oder einen Tontopf einschichten.
Mit der Tomatensauce begießen.
Das geriebene Brot mit der Petersilie mischen und darauf verteilen. Das restliche Schmalz erhitzen und darübergießen. Ungefähr
30 Minuten im vorgeheizten
Ofen bei etwa 200 °C überbacken. Ab und zu die Kruste
einstechen und die Oberfläche
mit etwas Kochsud begießen.

*Das Cassoulet ist eine
Spezialität des mediterranen
Languedoc. Das ganz echte
Cassoulet von Castelnaudary und
auch jenes von Toulouse wird
aus „confit d'oie", das heißt mit
im eigenen Fett eingemachtem
Gänsefleisch zubereitet, das in
dieser Form das ganze Jahr hin-
durch haltbar ist. Man ißt es kalt
oder warm und streicht das Fett
der Konserve aufs Brot. Das
„confit d'oie" ist eine der älte-
sten französischen Spezialitäten.
Demzufolge ist auch das Cassoulet ein sehr traditionelles Gericht.
Es verdankt seinen Namen dem
„cassol", dem bauchigen Topf,
der in Issel bei Castelnaudary aus
der roten Tonerde der Gegend
hergestellt wird. Ursprünglich
wurde das Cassoulet mit frischen
Kernbohnen zubereitet, die dann
im 16. Jahrhundert durch die aus
Spanien kommenden weißen
Bohnen verdrängt wurden.*

Gebäck, Kuchen und Desserts

PARISER BRIOCHE

Für 6 bis 8 Briocheformen

30 g Hefe
100 ml lauwarme Milch
1 TL Zucker
250 g Mehl
2 Eier
150 g gesalzene Butter
Butter für die Formen
1 Eigelb

Tips:
Brioches sollten immer frisch auf den Tisch kommen. Eventuell tiefkühlen und aufbacken!
Eine Riesenbrioche sieht gefüllt besonders gut aus. Kleine, noch lauwarme Portionsbrioches sind zum Frühstück eine Attraktion.

Brioche parisienne
Die Hefe zerbröckeln und mit wenig Milch und dem Zucker verrühren. Das Mehl in eine große vorgewärmte Schüssel sieben, in die Mitte eine Mulde drücken und die aufgelöste Hefe hineingeben. Die restliche Milch mit den Eiern verquirlen und beifügen. Alles zu einem festen Teig kneten. Mehrmals zusammenfalten, plattdrücken und auf den Tisch schlagen. Zu einer Kugel formen, mit einem Tuch bedecken und an einem warmen Ort aufgehen lassen. Die weiche Butter zufügen. Den Teig plattdrücken, zusammenfalten, bis die ganze Butter aufgenommen ist. Den Teig im Abstand von 15 Minuten dreimal auseinanderziehen, zusammenfalten und schlagen. Kühl stellen und vor dem Backen nochmals in gleicher Weise bearbeiten. Etwa Dreiviertel des Teigs zu 6 bis 8 Kugeln formen. In die gebutterten Brio_formen legen. In der Mitte etwas eindrücken und aus dem restlichen Teig je ein Köpfchen einsetzen. Den Teig ringsum mit einer Schere 4 bis 5 Mal einschneiden, ohne die Köpfchen zu berühren. Den Teig bis 1 cm unter den Rand der Form aufgehen lassen. Mit dem verquirlten

Eigelb bestreichen und im vorgeheizten Backofen 25 bis 30 Minuten bei 180 °C backen.

Neben den Croissants ist die Brioche das beliebteste Frühstücksgebäck zum Café au lait. Schon deshalb gehört in dieses Buch unbedingt ein Briocherezept. Dieser Briocheteig ist gesalzen, auch in dieser Variante findet er sehr oft Verwendung. Zum Beispiel in der Gegend von Lyon, wo man gerne eine Wurst damit umhüllt und backt. Dasselbe wird in den Gebieten, wo es Gänseleber gibt, mit dieser Delikatesse gemacht, und manch einer wundert sich, wie diese Zutat in den Teig kommt. Dann gibt es Brioches, die in einer Kastenform gebacken und in Scheiben geschnitten zu vielen Vorspeisen oder Desserts gereicht werden. Ist die Brioche nicht mehr frisch, wird sie getoastet, was man oft beim Hotelfrühstück beobachten kann.

TARTE TATIN

Für eine Form von 26 cm
Durchmesser

Für den Teig:
250 g Mehl
125 g Butter
½ TL Salz

Für den Belag:
100 g Zucker
750 g Äpfel
(z.B. Jonathan,
Glockenäpfel, Reinetten)
2 EL Zucker zum Bestreuen
50 g frische Butter

Tip:
*Am besten schmeckt
dieser Kuchen warm. Man
kann ihn vorbacken und
vor dem Servieren im Ofen
nochmals erwärmen.*

*Verkehrt herum gebackener
Apfelkuchen*

Für den Teig: Das Mehl auf ein
Teigbrett sieben, die Butter in
Flocken beigeben und beides von
Hand zerreiben, bis sich eine
feinkrümelige Masse bildet.
Damit einen Kranz formen und
mit ⅛ Liter Wasser und dem
darin aufgelösten Salz zu einem
Teig verarbeiten. Nicht kneten,
sonst wird der Teig zäh. Am Vorabend zubereiten oder mindestens 2 bis 3 Stunden kühl ruhen
lassen.
Für den Belag: Etwa 100 g Zucker
mit 1 Eßlöffel Wasser in einer
Bratpfanne hellbraun karamelisieren. Den Karamel sofort in eine
Kuchenform gießen und gleichmäßig darin verteilen. Die Äpfel
schälen, halbieren, entkernen
und jede Hälfte in drei gleich
große Schnitze schneiden. Die
Schnitze mit der gewölbten Seite
nach unten kranzförmig auf den
Karamel legen. Mit 1 Eßlöffel
Zucker bestreuen. Die restlichen
Apfelschnitze mit der Wölbung
nach oben in die Zwischenräume
legen. Mit dem restlichen Zucker
bestreuen. Die Butter in Flocken
über die Äpfel verteilen. Den
Teig etwa 3 mm dick ausrollen.
Ein kreisförmiges Stück mit
einem Durchmesser von 30 cm

ausrädeln. Den Teig auf die Äpfel
legen und seitlich bis zum Boden
des Blechs stoßen, damit nachher
beim Stürzen ein Rand vorhanden ist. Den Kuchen in der Mitte
des vorgeheizten Backofens bei
220 °C etwa 35 bis 40 Minuten
backen. Sollte der Teig zu schnell
braun werden, mit Aluminiumfolie abdecken. Die Tarte aus
dem Ofen nehmen, 3 bis 4 Minuten ruhen lassen, dann auf eine
mit Tortenpapier ausgelegte
runde Platte stürzen.

*Zwei ältere Fräuleins, die
Demoiselles Tatin aus Lamotte-
Beuvron im Orléanais, bereiteten
eines Tages zu Ehren eines Be-
suchers einen Apfelkuchen zu.
Als das eine Fräulein die Tarte
aus dem Backofen nehmen
wollte, sprang ihr die Katze auf
den Arm, und der Kuchen landete
verkehrt herum auf dem Küchen-
boden. Geistesgegenwärtig raffte
sie das verunglückte Dessert
zusammen, legte es, wie es war,
in die Kuchenform und schob es
nochmals in den Ofen. Alsdann
bildete sich am Boden der Form
eine Karamelschicht, die eben
das Besondere an diesem Apfelkuchen ist und hervorragend
schmeckt.*

GEFÜLLTER BRANDTEIGRING

Für eine Springform von
24 cm Durchmesser

Für den Teig:
45 g Butter
½ TL abgeriebene
unbehandelte Orangen-
schale
15 g Zucker
1 Prise Salz
145 g Mehl
3 Eier

Butter für die Form
50 g Mandelblättchen
zum Bestreuen

Für die Füllung:
110 ml süße Sahne
110 g Sahne-Frischkäse
50 g Zucker
300 g Himbeeren
1 EL Grand Marnier
1 EL Puderzucker

Übrigens:
Nach dem klassischen
Rezept wird dieser Ring
mit Pralinenbuttercreme
gefüllt, die zuvor mit einer
Meringuemasse gemischt
wurde. Meine Füllung ist
etwas leichter.

„Paris-Brest"
Für den Teig: Butter, Orangenschale, Zucker und Salz in 220 ml
Wasser aufkochen. Die Pfanne
vom Feuer ziehen und das gesiebte Mehl auf einmal zugeben.
Mit einer Holzkelle rühren, wieder auf die Platte stellen und auf
kleinem Feuer so lange weiter-
rühren, bis sich der Teig von den
Wänden und dem Boden löst
(etwa 3 Minuten). Die Pfanne
wieder vom Herd nehmen und
2 Eier, eines nach dem anderen,
tüchtig unter den Teig arbeiten.
Den Boden der Springform (am
besten mit Teflonbelag, damit das
Gebäck nicht klebt) mit der Butter
bestreichen. Auf ein rundes oder
rechteckiges Kuchenblech stellen.
Den Teig in einen Spritzsack
ohne Tülle füllen und einen etwa
4 cm breiten Rand auf den Spring-
formboden spritzen. Etwa 5 Minuten kühl stellen. Das letzte Ei
trennen, den Teigring mit ver-
quirltem Eigelb bestreichen und
mit den Mandelblättchen bestreuen. Dann im vorgeheizten
Backofen bei 180 °C 35 Minuten
backen. Etwa 2 bis 3 Minuten
abkühlen lassen. Das Gebäck
vom Blech lösen und auf ein
Gitter stellen.
Für die Füllung: Die Sahne steif
schlagen, mit dem Frischkäse und
dem Zucker mischen. Die Himbeeren und den Grand Marnier
darunterziehen. Den Ring nach
dem Erkalten quer durchschnei-
den. Mit den Himbeeren füllen.
Nach dem Füllen mit dem Puderzucker bestäuben und auf ein
rundes Tortenpapier stellen.
Nach Belieben Himbeersaft dazu
servieren.

*D*aß ein Gebäck den Namen
eines Radrennens trägt, ist
wohl einmalig. Ein Konditor in
der Pariser Bannmeile kam im
Jahr 1891, als er die Radrenn-
fahrer an seinem Geschäft vor-
beiflitzen sah, auf die Idee, aus
dem Teig seiner „éclairs" ein
Gebäck in Form eines Rades zu
gestalten. Er taufte die neukre-
ierte Spezialität nach der Etappe
„Paris-Brest". Später entstand
eine Variante mit Namen „Paris-
Nice", ohne Mandeln und gefüllt
mit „crème Chiboust", einer
Vanillecreme, die man noch heiß
mit Eischnee aufschlägt.

FEIGENTÖRTCHEN AUS DEM SCHLOSS MONTCAUD

Für 4 Törtchen von 12 cm Durchmesser

Für die Zimteiscreme:
3 Eigelb
50 g Puderzucker
250 ml Milch
1 Vanilleschote
1 TL gemahlener Zimt

Für die Törtchen:
150 g Blätterteig
2 EL geschälte, gemahlene Mandeln
10 frische schwarze Provencefeigen
50 g Zucker
40 g in Flocken geschnittene Butter
12 Eisenkrautblätter

Variante:
Man kann statt Eisenkraut auch etwas Pfefferminze nehmen.

Weinempfehlung:
Muskatwein von Banyuls oder Beaumes-de-Venise

Tarte de figues du Jardin de Montcaud
Für die Zimteiscreme: Die Eigelbe mit dem Puderzucker zu einer weißlichen Creme schlagen. Die Milch mit der aufgeschlitzten Vanilleschote erhitzen und mitsamt der Vanille unter Rühren zu den Eigelben geben. Den Topf putzen und gut ausspülen. Die Creme hineingeben und langsam, ohne sie kochen zu lassen, sämig schlagen. Den Zimt zugeben, alles in ein passendes Gefäß gießen und tiefkühlen. Ab und zu umrühren, damit sich keine Kristalle bilden.
Für die Törtchen: Den Blätterteig etwa 1 bis 2 mm dick ausrollen. 4 runde Stücke von etwa 12 cm Durchmesser ausstechen und auf ein mit kaltem Wasser abgespültes Blech legen. Die Teigböden, damit sie nicht aufweichen, mit den Mandeln bestreuen. 2 Feigen für den Guß beiseite legen. Die restlichen Feigen in dünne Scheiben schneiden und fächerförmig auf den runden Teigstücken anordnen. Mit etwa 30 g Zucker bestreuen und jedes Törtchen mit Butterflocken belegen. Im vorgeheizten Backofen sofort bei 220 °C etwa 20 Minuten backen. Inzwischen die 2 zurückbehaltenen Feigen mit einer Gabel zerdrücken. Etwa 5 Minuten mit etwas Wasser und dem restlichen Zucker weich kochen, dann durch ein feines Sieb passieren oder im Mixer pürieren. Die Törtchen unmittelbar vor dem Servieren mit dem Sirup bestreichen und nochmals 2 bis 3 Minuten überbacken. 4 Eisenkrautblätter sehr fein hacken und darüberstreuen. Mit den restlichen Blättern garnieren.

*W*er in Frankreich besonders *gut essen will, braucht Geheimtips. Die beste Empfehlung ist die Mund-zu-Mund-Werbung. So habe ich auf dem Weg nach Nîmes ein Paradies entdeckt: das Château de Montcaud, ein herrliches restauriertes Schloß mit wunderschönen Gästezimmern und, was nicht selbstverständlich ist, einem ausgezeichneten Restaurant, wo die Küche der Gegend besonders gepflegt wird. Es ist eine Freude zu erleben, was alles aus den Produkten der benachbarten Bauern und aus dem Garten des Schlosses entstehen kann, wenn man wirklich mit Liebe kocht.*

APFELBRIOCHES
KIRSCHENFLAN

APFELBRIOCHES
4 Äpfel (Sorte, die nicht
verkocht, z.B. Jonathan
oder Glockenäpfel)
120 ml süße Sahne
2 EL Calvados
2 EL Zucker
4 große Scheiben Brioche
(siehe Rezept S. 172)
40 g Butter
Butter für die Form
3 EL Apfel-, Quitten- oder
Johannisbeergelee

KIRSCHENFLAN
Für eine Form von 28 cm
Durchmesser
500 g schwarze Kirschen
100 g Zucker
350 ml Milch
1/2 Vanilleschote
3 Eier
Salz
100 g Mehl
1 EL Kirsch oder Rum
Butter für die Form
Puderzucker zum
Bestreuen

APFELBRIOCHES
*Croûtes aux pommes à la
normande*
Die Äpfel schälen, halbieren und
das Kernhaus entfernen. Jede
Hälfte in 6 Schnitze teilen. Die
Sahne, den Calvados und den
Zucker mischen. In ein flaches
Gefäß gießen. Die Briochescheiben hineinlegen und mit der
Mischung gut durchtränken. Die
Butter erhitzen, die Apfelschnitze
hineingeben und unter Wenden
darin knapp weich garen. Sie
dürfen leicht karamelisieren. Die
getränkten Briochescheiben in
eine gebutterte feuerfeste Form
legen. Mit den gebratenen Äpfeln
belegen; man braucht sie nicht
schön anzuordnen. Das Gelee mit
einer Gabel zerdrücken. Auf die
Apfelschnitten geben. Die von
den Briochescheiben nicht auf-
gesogene Sahne über die Äpfel
verteilen. Im vorgeheizten Backofen bei 220 °C etwa 15 bis
20 Minuten überbacken. Die
Äpfel dürfen Farbe annehmen
und sollten etwas aufgehen. Heiß
in der Form servieren.

*I*n dieser Süßspeise sind die
besten Zutaten der Normandie
vereint: Äpfel, herrliche Sahne
und Butter sowie Calvados.

KIRSCHENFLAN
Clafoutis limousin
Die Kirschen waschen und ent-
stielen. Mit 50 g Zucker bestreuen
und 1 Stunde ziehen lassen. Die
Milch mit der aufgeschlitzten
Vanilleschote aufkochen und beiseite stellen. Die Eier, den restlichen Zucker und Salz zu einer
sämigen Creme schlagen. Das
Mehl sieben und nach und nach
daruntermischen. Die etwas
abgekühlte Milch hineinrühren
und die Vanilleschote entfernen.
Den Kirsch oder den Rum beifügen und den Teig 1 Stunde
ruhen lassen. Die Form sehr gut
ausbuttern. Die Kirschen hineingeben. Die Eiercreme daraufgießen, dabei darauf achten, daß
die Kirschen gleichmäßig darin
verteilt sind. In der Mitte des
vorgeheizten Ofens bei 200 °C
25 bis 30 Minuten backen. Mit
dem Puderzucker bestreuen.
Lauwarm oder kalt servieren.

*F*ür dieses Dessert aus dem
Limousin werden die Kirschen
nicht entsteint, weil die Steine
dem Gebäck ihr spezifisches
Aroma verleihen. Dadurch wird
das Essen etwas mühsamer und
man sollte dabei auf seine Zähne
aufpassen.

Zuckerkuchen nach Art von Pérouges

Für eine Form von 32 cm
Durchmesser

Für den Teig:
20 g Hefe
2½ EL Zucker
250 g Mehl
Salz
4 EL Butter
1 Ei
1 EL geriebene Schale einer
unbehandelten Zitrone

Für den Belag:
1 EL Milch
3 EL Zucker
50 g in Flocken
geschnittene Butter

500 g Himbeeren
200 g Crème double

*Galette pérougienne aux
framboises*
Für den Teig: Die Hefe mit ½ Eßlöffel Zucker, 2 Eßlöffel Wasser
und 1 Eßlöffel Mehl zu einem
flüssigen Teig verrühren. An
einem warmen Ort (max. 35 °C)
um das Doppelte gehen lassen.
Das restliche Mehl und Salz in
eine Schüssel sieben. In die Mitte
eine Mulde drücken. 3 Eßlöffel
Butter in Stücke schneiden, das
Ei verquirlen und zusammen mit
der aufgelösten Hefe, der Zitronen-
schale und dem restlichen Zucker
hineingeben. Mit 2 Eßlöffel Wasser befeuchten und rasch zu
einem Teig verarbeiten. Gut kneten und mehrmals auf den Tisch
schlagen, bis er gleichmäßig ist.
Mit einem Tuch bedecken und
1 bis 2 Stunden an einem warmen
Ort gehen lassen.
Mit dem Teigroller plattdrücken.
Das Blech mit der restlichen
Butter bestreichen und den Teig
darauflegen. Wenn nötig, mit den
Händen etwas ausziehen und
einen Rand von etwa 1 cm Höhe
hochziehen. Etwa 10 Minuten im
Blech gehen lassen.
Für den Belag: Den Rand mit
etwas Milch bestreichen. Den
Teigboden mit 3 Eßlöffel Zucker
und den Butterflocken bestreuen.
Im vorgeheizten Backofen bei
230 °C etwa 25–30 Minuten
backen. Lauwarm oder kalt
servieren. Die Himbeeren und
die Crème double separat dazu
reichen.

*Früher, als es noch keine
Autobahn gab, und wir oft
nach Spanien fuhren, wählten
wir meistens den Weg über Lyon,
und zwar einzig und allein deshalb, um in Pérouges, einem
wunderschönen mittelalterlichen
Städtchen, haltzumachen. Es
liegt zwischen Genf und Lyon auf
einem Hügel bei Meximieux und
ist weithin sichtbar. Wir über-
nachteten im wunderschönen
Schloß und freuten uns lange im
voraus auf das ausgezeichnete
regionale Essen im Restaurant
des Hotels. Dort wurde man von
liebenswürdigen Damen, die in
der Tracht des Bugey steckten,
umsorgt und beraten. Wir wählten zum Dessert immer wieder
die traditionelle Galette pérougienne, die mit der unvergeßlichen dicken Sahne der Gegend
serviert wurde. Und zwar wurde
sie in einem Steinguttopf „à
discrétion" auf den Tisch gestellt.
Wir bedienten uns mit dem
Suppenschöpfer daraus und
schwelgten im siebten Himmel.*

BIRNEN IN CASSISSAUCE

400 ml roter Burgunder-
wein
2 Gewürznelken
1 Zimtstange
1 TL geriebene
unbehandelte Orangen-
schale
100 g Zucker
4 schöne Birnen
1 EL Crème de Cassis
(schwarzer Johannisbeer-
likör)
4 EL Gelee von schwarzen
Johannisbeeren
1 TL Speisestärke

Weinempfehlung:
Malvoisie, Muscat

Poires „belle Dijonnaise"
Den Wein, die Nelken, den Zimt,
die Orangenschale und den
Zucker aufkochen. Die Birnen
schälen, dabei den Stiel nicht entfernen. Die Unterseite der Birnen
geradeschneiden, damit sie stehen können. Zusammen mit dem
Weinsirup in eine Pfanne geben
und etwa 20 Minuten (je nach
Sorte eventuell auch etwas
länger) garen. Die Birnen müssen
fest bleiben.
Die Früchte herausnehmen und
auf einer Platte stehend anrichten. Den Weinsirup bis zur Hälfte
einkochen lassen, mit dem
Johannisbeerlikör und dem Gelee
gut mischen. Etwa 1 Teelöffel
Speisestärke mit wenig Wasser
verrühren und unter Rühren
zufügen. Kochen, bis das Gelee
ganz aufgelöst ist. Den dicken
Sirup nach dem Erkalten über die
Birnen gießen.

*S*chwarze Johannisbeeren sind
*typisch für das Burgund.
Bereits 1750 wurden diese Beeren
erstmals in den Gärten des
Château de Montmuzard, in der
Nähe von Dijon, angepflanzt.
Danach entstanden Plantagen in
der Region der Côte d'Or. Ein
wichtiges Produkt aus der
Gegend ist heute der Johannis-*

*beerlikör, der seit 1841 im
großen Stil hergestellt und unter
der Bezeichnung „Crème de
Cassis" verkauft wird. Weltweit
bekannt wurde dieser Likör
durch den Kir, dem heute klassischen Burgunder Apéritif. Man
mischt dafür einfach Burgunder
Weißwein, zum Beispiel Aligoté,
mit etwas Johannisbeerlikör.
Beim edleren Kir royal wird der
Weißwein durch Champagner
ersetzt. Dieses Getränk ist
benannt nach Félix Kir, der nach
dem Krieg Domherr und Bürger-
meister von Dijon war, da er im
Rathaus bei offiziellen Anlässen
diesen Apéritif kredenzen ließ.
Im Burgund werden aus den
Cassisbeeren auch exzellente
„pâtes de fruits", Fruchtpasten,
hergestellt, die es bei einem
Besuch in dieser Gegend zu
kaufen lohnt. Ferner gibt es viele
Desserts, die ihr raffiniertes
Aroma dieser Beere verdanken.
Ich mische gerne schwarze
Johannisbeeren mit drei oder vier
anderen Beerensorten und serviere sie mit Crème fraîche. Delikat
und schnell – und immer ein
Erfolg.*

DIE REZEPTE NACH REGIONEN

Soweit in den Rezepten nichts anderes vermerkt ist, sind die Zutaten für vier Personen berechnet.

Franche-Comté, Savoyen, Dauphiné

Käsesoufflé 94

Hähnchen in Vin jaune 166

Bratkartoffeln mit Reblochon 106

Seesaibling mit weißer
    Buttersauce 116

Kartoffelgratin nach Art der
    Dauphiné 84

Provence, Languedoc, Roussillon

Zwiebelkuchen nach Art von
    Nizza 74

Lammkeule mit Rosmarin 154

Lammrücken mit
    Kräuterkruste 164

Marseiller Bouillabaisse 122

Gefüllter Drachenkopf 124

Salat mit Roquefort 70

Kalbssteaks mit
    Roquefortsauce 150

Terrine nach Art von Uzès 76

Ochsenbrust nach Art von
    Arles 156

Bohneneintopf nach Art des
    Languedoc 168

Grünes Huhn 146

Feigentörtchen aus dem
    Schloß Montcaud 178

Gascogne, Baskenland, Bordelais

Kaninchen mit Zwetschgen 148

Baskisches Omelett 100

Entrecôte nach Art von
    Bordeaux 132

Lammkeule nach Art des
    Doktors 158

Périgord, Auvergne, Limousin

Trüffelsauce 90

Linsensuppe 82

Kirschenflan 180

Poitou, Charente, Loiretal, Orléanais

Käse-Kartoffelkuchen aus dem
    Poitou 102

Miesmuscheln nach Art der
    Charente 110

Hecht in Senfbutter 114

Spargel wie im Loiret 78

Tarte Tatin 174

Bretagne

Gekochte Artischocken mit
    Vinaigrette 70

Hummer in Tomaten-
    Cognacsauce 112

Fischsuppe aus der Bretagne 118

Normandie

Kutteln nach Art von Caen	160
Kabeljau in Apfelwein	120
Apfelbrioches	180

Flandern, Artois, Picardie

Geschmorter Chicorée	88
Aal in Kräutersauce	114
Lauchkuchen aus der Picardie	98

Elsaß, Lothringen, Champagne

Baeckeofe	140
Sauerkraut nach Elsässer Art	144
Quiche Lorraine	94
Kartoffelsalat nach Art der Champagne	68

Burgund, Lyonnais

Schinkensülze	66
Bauernterrine	72
Eier Burgunder Art	96
Burgunder Käsekranz	102
Hähnchen mit Senf-Käsesauce	136
Gefüllte Wachteln mit Trauben	138
Poularde mit Trüffeln in der Schweinsblase	142
Crêpes Parmentier	104
Lyoner Kalbskotelett	162
Zuckerkuchen nach Art von Pérouges	182
Birnen in Cassissauce	184

Ile-de-France und ganz Frankreich

Lauch-Kartoffelsuppe	78
Überbackene Zwiebelsuppe	80
Grüne Erbsen nach französischer Art	86
Kalbsblankett	162
Lammeintopf mit weißen Rüben	134
Coq au vin	152
Flußfisch in Rotwein	126
Krebse im Sud	128
Pariser Brioche	172
Gefüllter Brandteigring	176

DIE REZEPTE ALPHABETISCH

Aal in Kräutersauce	114	Gefüllte Wachteln mit	
Apfelbrioches	180	Trauben	138
Apfelkuchen, verkehrt herum		Gefüllter Brandteigring	176
gebackener	174	Gefüllter Drachenkopf	124
Artischocken, gekochte	70	Gekochte Artischocken	70
		Geschmorter Chicorée	88
Baeckeofe	140	Grüne Erbsen nach	
Baskisches Omelett	100	französischer Art	86
Bauernterrine	72	Grünes Huhn	146
Birnen in Cassissauce	184		
Bohneneintopf nach Art des		Hähnchen in Rotweinsauce	152
Languedoc	168	Hähnchen mit Senf-	
Bouillabaisse, Marseiller	122	Käsesauce	136
Brandteigring, gefüllter	176	Hähnchen in Vin jaune	166
Bratkartoffeln mit Reblochon	106	Hecht in Senfbutter	114
Brioche, Pariser	172	Huhn, grünes	146
Burgunder Käsekranz	102	Hummer in Tomaten-	
		Cognacsauce	112
Cassoulet de Castelnaudary	168		
Chicorée, geschmorter	88	Kabeljau in Apfelwein	120
Coq au vin	152	Kalbsblankett	162
Cotriade	118	Kaninchen mit Zwetschgen	148
Crêpes Parmentier	104	Kalbskotelett, Lyoner	162
		Kalbssteaks mit	
Drachenkopf, gefüllter	124	Roquefortsauce	150
		Kartoffelgratin nach Art der	
Eier Burgunder Art	96	Dauphiné	84
Entrecôte nach Art von		Kartoffel-Lauchsuppe	78
Bordeaux	132	Kartoffelpfannkuchen	104
Erbsen, grüne, nach		Kartoffelsalat nach Art der	
französischer Art	86	Champagne	68
		Käse-Kartoffelkuchen	102
Feigentörtchen aus dem Schloß		Käsekranz, Burgunder	102
Montcaud	178	Käsesoufflé	94
Fischsuppe aus der Bretagne	118	Kirschenflan	180
Flußfisch in Rotwein	126	Krebse im Sud	128

Kutteln nach Art von
    Caen 160
Lammeintopf mit weißen
    Rüben 134
Lammkeule mit Rosmarin 154
Lammkeule nach Art des
    Doktors 158
Lammrücken mit
    Kräuterkruste 164
Lauch-Kartoffelsuppe 78
Lauchkuchen aus der Picardie 98
Linsensuppe 82
Lyoner Kalbskotelett 162

Marseiller Bouillabaisse 122
Miesmuscheln nach Art der
    Charente 110

Ochsenbrust nach Art von
    Arles 156
Omelett, baskisches 100

Pariser Brioche 172
Poularde mit Trüffeln in der
    Schweinsblase 142

Quiche Lorraine 94

Salat mit Roquefort 70
Sauerkraut nach Elsässer
    Art 144
Schinkensülze 66
Seesaibling mit weißer
    Buttersauce 116
Spargel wie im Loiret 78

Tarte Tatin 174
Terrine nach Art von Uzès 76
Trüffelsauce 90
Überbackene Zwiebelsuppe 80

Verkehrt herum gebackener
    Apfelkuchen 174

Wachteln, gefüllte, mit
    Trauben 138

Zuckerkuchen nach Art von
    Pérouges 182
Zwiebelkuchen nach Art von
    Nizza 74
Zwiebelsuppe, überbackene 80

BILDQUELLEN
IMPRESSUM

Archiv für Kunst und Geschichte, Berlin: 86
Bruno Barbey: Magnum/Focus 32, 33
Bilderberg: Nomi Baumgartl 20; Frieder Blickle 28; Klaus Bossemeyer
50, 51, 104; Peter Ginter 7; Eberhard Grames 14, 39; Wolfgang Kunz
30/31; Andrej Reiser 55 (beide)
Diaphor: R. Decottignies 46
Frank Fournier: Contact Press Images/Focus 29
Alain Guillon: Focus 36
IFA: Bail 63; Diaf 38, 53, 58, 68, 110; Haigh 13, 35; Hasenkopf 12;
LDW 2; Nägele 23; Tschanz 54; Welsh 21
Frieder Klenk: 15
Urs Kluyver: Focus 49, 57
Tom Krausz: Focus 6
Guy le Querrec: Magnum/Focus 56
Werner Richner: 59
Gregor M. Schmid: 22, 84
Sigloch Bildarchiv: Hans Joachim Döbbelin 10/11, 64/65, 92/93,
108/109, 130/131, 170/171 und alle ungeraden Seitenzahlen 67–185
Hans Silvester: Focus 24
Snowdon/Hoyer: Focus 18/19, 41 (beide), 42; Cosmos/Focus 40
Studio für Landkartentechnik, Norderstedt: 4/5
Fotoagentur Sucha: 8 (beide), 44, 182
Pierre Toutain: Focus/Cosmos 52
Visum: Wilfried Bauer 37; Günter Beer 47, 60/61; Jörg Modrow 43,
45 (beide); Rolf Nobel 16, 17; Jo Röttger 25, 26, 27

Reproduktion: Otterbach Repro, Rastatt
Satz: Sigloch Edition, Künzelsau
Druck: Cantz'sche Druckerei, Ostfildern
Papier: 135 g/m² nopaCoat glänzend, Nordland Papier AG, Dörpen
Bindearbeiten: Sigloch Buchbinderei, Künzelsau
ISBN 3-89393-119-8